中国商学院管理思想践行丛书

企业出海
案例集

上海交通大学安泰经济与管理学院案例研究与开发中心 编著

Cases of
Globalization

上海交通大学出版社
SHANGHAI JIAO TONG UNIVERSITY PRESS

内容提要

在国内各行各业日益内卷的今天,企业将寻求新的增长路径的目光投向了海外,中国企业出海已成为不可逆转的趋势。如何在海外市场中提升品牌建设,实现市场突破,规避潜在风险,则是每个出海企业面临的重大课题。本书基于这一背景,精选了多个在零售消费和工业制造方面具有代表性的中国企业出海案例,深入剖析了它们在品牌出海、市场拓展、产品设计、本地化策略以及可持续发展等方面的成功经验,旨在为更多企业提供可借鉴的出海路径。

本书由上海交通大学安泰经济与管理学院案例研究与开发中心编著,通过详细、客观的案例观察,揭示中国企业出海的内在逻辑与外在挑战。全书收录了 14 个案例,全面展现了中国企业在全球舞台上的创新实践与成果。对于任何想要拓展海外市场、实现品牌全球化的企业来说,这本书都是不可多得的宝贵资源。

图书在版编目(CIP)数据

企业出海案例集/上海交通大学安泰经济与管理学院案例研究与开发中心编著. —上海:上海交通大学出版社,2025.3. —ISBN 978-7-313-32446-7

Ⅰ. F279.247

中国国家版本馆 CIP 数据核字第 20258F728Q 号

企业出海案例集
QIYE CHUHAI ANLI JI

编 著:	上海交通大学安泰经济与管理学院案例研究与开发中心			
出版发行:	上海交通大学出版社	地 址:	上海市番禺路 951 号
邮政编码:	200030	电 话:	021-64071208
印 制:	上海万卷印刷股份有限公司	经 销:	全国新华书店
开 本:	710mm×1000mm 1/16	印 张:	13
字 数:	209 千字		
版 次:	2025 年 3 月第 1 版	印 次:	2025 年 3 月第 1 次印刷
书 号:	ISBN 978-7-313-32446-7		
定 价:	75.00 元		

编　委　会

扬帆出海，智慧引航

——中国企业国际化征途上的实践探索

（代序）

  "中国商学院管理思想践行"丛书系列之《企业出海案例集》的出版，既是水到渠成，又是多方聚力的结果。从主题到形式，这本书都可谓是"生逢其时"。从时间上看，2024年是上海交通大学安泰经济与管理学院（以下简称安泰）恢复建院40周年，学院与改革开放的伟大进程同频共振，一边源源不断地输出商学精英人才，一边见证了中国企业从蹒跚学步到大步流星走向世界舞台的辉煌历程。在这一过程中，中国商学院教育的主旋律也从学习进口"舶来品"逐渐转变为走近本土企业，主动探索身边的"真问题"。

  2018年，安泰在国内外商学院中率先提出并践行了"行业研究"的理念，在以学科为主线的横向研究基础之上，首创了以行业为主线的纵向研究，从而形成了"纵横交错，知行合一"的战略，大力推动行业与学科、理论与实践的深度融合，形成实践、学术、教学之间的良性循环。上海交通大学行业研究院的建立，推动安泰人走出象牙塔，聚焦中国经济管理的最新现象，近距离观察、接触、探索实践问题，把这些真问题带到研究和教学中。

  近年来，随着中国企业集中出海，管理实践中出现了许多难以解释、解决的问题。从经营战略、市场布局、供应链搭建，到企业文化和人力资源管理，中国的经营管理经验输出海外时常常遇到水土不服，加上海外经济、法律、文化经验不足，这些都给摸索中的中国企业带来了困扰。反观沉淀在教科书、研究论文中的跨国企业经营管理理论，大多都是基于发达经济体国家的原生土壤和20多年前的国际化经验，对于迫切需要理论支持和指引的中国企业来说，现有的经济管理知识体系在剖析中国企业出海现象上，明显捉襟见肘。

  案例教学与研究是商学院发展的重要基础之一，也是探索新事物的有力工具。对于布局行业研究的安泰经济与管理学院而言，案例研究与开发的需求也日益迫切。2023年，教育部学位与研究生教育发展中心和中国企业联合会主办"中国企业案例研究基地建设"研讨会,呼吁对国内企业展开案例研究,总结有中国特色的企业管理理论。为了响应这一号召,安泰经济与管理学院重建以往的案例机构,在原有基础上拓展其内涵和外延,成立了"案例研究与开发中心",以行业研究实践及校友企业实践等应用型案例为基础,致力于做有品位的管理案例研究与教学。除了开发传统意义上用于课堂教学的教学型案例,还鼓励具有理论价值的研究型案例的创新发展,使案例研究与开发中心成为经管学院的实验室、科研成果的孵化器、教师成长的助推器,以及校企合作的连接口。这样不仅有助于教学和科研,对接行业研究和校友企业,而且还有助于纵横交错、知行合一的行研成果多元化呈现,以及形成校企互动的长效机制。

作为阶段性成果,案例研究与开发中心编著了《企业出海案例集》,由一系列生动的出海实践案例,呈现出中国企业在国际化进程中的管理智慧与实践探索。本书通过客观的案例观察,揭示了中国企业海外发展的内在逻辑与挑战。全书分为正文和附录两个部分。正文部分为精选案例,涵盖了零售消费和工业制造等不同行业、不同规模的具有代表性的中国企业,它们或凭借产品创新引领潮流,或依靠品牌力量赢得市场,或借助本地化策略融入当地社会,或通过铺设全球供应链站稳脚跟,展示了中国企业出海的多元路径和丰富成果。附录部分则分别从券商研究所、资本方、学界等不同角度聚焦出海的不同领域,总结行业特征,提示国别风险。本书是一部不可多得的具有高度实用性和指导性的书籍,可以帮助想要拓展海外市场、实现品牌全球化的企业更加全面地了解中国企业出海的现状和未来趋势,为自身制定出海战略提供有力的帮助。

特别感谢海通证券研究所对本书出版的全方位助力。安泰经管学院与海通证券曾签订战略合作协议,双方在促进人才培养、共建产业研究院、共建"产、学、研、投、用"基地等方面开展长期合作,共同研究新兴产业相关课题,推进在科学研究、孵化培育、人才培养、社会服务等方面的深入合作。海通证券研究所于 2024 年发布研究新体系,即紧跟国家战略,紧扣资本市场发展,紧贴上海及长三角、重点区域发展和公司战略,以"投研、产研、政研"的研究业务体系为基础,通过链条化、国际化、立体化研究助力高质量发展,为本书的内容提供了丰富的数据与洞见,更为中国企业在全球化进程中面临的复杂挑战提供了强有力的智力支持。

尤为值得一提的是,安泰经管学院与宁德时代的深度合作,共同推动了 21世纪跨国企业战略研究院的建设。21 世纪跨国企业战略研究院作为学院对企业国际化战略研究深化与拓展的重要平台，为本书的编撰提供了坚实的学术支撑。

本书不仅是中国企业国际化战略的生动实践，更是安泰经管学院"纵横交错，知行合一"理念的具体体现。希望通过本书，能够让更多的中国企业面向未来扬帆起航，走向世界，书写出高质量可持续发展的海外新篇章。

是为序。

田新民

上海交通大学安泰经济与管理学院副院长

上海交通大学行业研究院副院长

上海交通大学深圳研究院执行院长

2024 年 10 月

目 录

义乌商品拓"买卖全球"通路[①]

0 引言

"义乌,爆了",2024 年 7 月 27 日巴黎奥运会射击 10 米气步枪混合团体决赛中,"00 后"中国组合黄雨婷和盛李豪夺得中国代表团的首金,伴随首金一起被关注的还有黄雨婷头上戴的可爱小发卡,义乌商家迅速嗅到商机,连夜上架冠军同款,商品搜索热度提高 120%,单量暴增。

与此同时,巴黎奥运会上的其他"义乌元素"也引人瞩目。据巴黎奥组委统计,80% 的吉祥物"弗里热"玩偶由中国制造,其中大部分产自义乌,展现了义乌商品在全球范围内的广泛认可度和市场影响力。

"黑悟空"的火爆更是让义乌玩具市场迎来了新的高潮,义乌商家凭借敏锐的市场嗅觉和强大的生产能力,迅速推出了一系列与"黑悟空"相关的玩具产品。

事实上,义乌市场所涵盖的远不止饰品和玩具这 2 个品类。它拥有 26 个大品类、210 多万 SKU(最小存货单位)的商品种类,几乎涵盖了人们日常生活的方方面面。这种多元化的商品结构不仅满足了不同消费者的需求,也为义乌在全球贸易中赢得了更广阔的市场空间。

义乌的贸易数据在 2024 年上半年再次展现了其强大的商贸实力,进出口

---

① 本案例由浙江中国小商品城集团股份有限公司首席战略官徐文君撰写。该案例的目的是用来做课堂讨论的题材而非说明案例所述公司管理是否有效。

总值达到 3 247.7 亿元,占全省份额的 12.7％,这一数字不仅令人瞩目,更超越了全国众多省份,凸显了义乌在全球贸易中的重要地位。在共建"一带一路"的倡议下,义乌积极融入,与共建国家开展广泛的经贸合作。数据显示,义乌对共建"一带一路"国家的进出口总额达到了 2 034 亿元,同比增长 23.7％,占同期义乌市进出口总值的 62.6％。这一数据不仅彰显了义乌在"一带一路"建设中的积极作用,也为其未来的发展开辟了更加广阔的空间。

1 从无到有,小商品闯出大世界

义乌经济的发展吸引了无数生意人、创业者和外商的融入,义乌实现了人口净流入。2023 年末,义乌市常住人口约为 190 万人,比 2022 年末的数据增加 1.5 万人,同时,户籍人口数约为 90 万人,仅占 47％左右。义乌以其良好的创业创新环境,为各类人才提供了丰富的就业机会和优越的创业条件,从而吸引了大量外来人口的涌入。2024 年 5 月底,义乌在册市场经营主体总量达 110.36 万户,高居全国县级市第一。据义乌市出入境管理局数据,截至 2024 年 5 月 28 日,当地常驻外商人数已超过 1.6 万人,流动外商人数近 2.4 万人,核发居留许可和签证的证件总和超过 2 万张。

值得注意的是,义乌位于浙江中部盆地,没有大江大河,没有沿边靠海,县级城市却能发展成为"世界的义乌",从无到有,义乌的市场发展有自己独特的发展经验及历史积淀。

1.1 一方县域,百万商海雄兵

从走街串巷的"鸡毛换糖"到有组织的"敲糖帮",独特的贸易形式为后来义乌小商品市场的发展奠定了基础。"鸡毛换糖"描述的是这样一种场景:农闲时期,义乌货郎们摇着拨浪鼓,挑着装满敲糖的箩筐,走街串巷换取鸡毛和牙膏皮等废品,换取的废品后被加工制成日用品用于销售,形成物物交换的谋生方式。"敲糖帮"则是在此基础上发展起来的有组织群体,由"坐坊"和"担头"进行分工合作:前者负责制作糖果,租赁小客栈,采购小百货,收购换回来的物资等;后者则负责挑担上门换货。

"鸡毛换糖"的活动范围南至广东,西至湖南,北到徐州,让义乌逐步成为东部地区的日用小商品贸易中心。在长期的商业实践中,义乌人也逐渐形成了团结合作、脚踏实地的经商风格,以及坚忍不拔、勇于开拓的精神品质。

改革春风吹来之际,义乌敢为人先,建立了初代的"马路市场"。1978年,义乌在廿三里和稠城办起了马路市场;1982年,在义乌县委县政府的大力支持下,"鸡毛换糖"队伍用水泥板在义乌湖清门的一条内域河道上,搭起了700多个简易摊位,义乌小商品市场的雏形就此形成。1984年,义乌小商品市场由传统沿街摆市的模式转向有固定经营场所的模式。

随着义乌的商贸规模逐步扩大,散乱的布局已经无法适应市场需求。1992年,"大厅式室内市场"建成,对所有商品进行分类,确保同类商品集中到一个交易区经营,"划行归市"实现了小商品市场由量的扩张到质的升级。1993年,义乌成立浙江义乌中国小商品城股份有限公司(后更名为浙江中国小商品城集团股份有限公司),来经营开发、管理、服务义乌小商品市场,原先直接创办市场的工商部门实行"管办分离",市场由义乌市政府主导转变为企业化经营。

2001年,中国加入WTO,义乌市场的国际地位得到显著提升,国际贸易额比例和国外客商人数迅速攀升。2002年,市场形态进一步升级,建成"商场店铺式展贸市场",国际商贸城一区市场正式开业,义乌小商品市场从此走向国际化,成为"世界超市"。

2013年,1039市场采购贸易方式试点落地义乌,义乌小商品外贸"集货拼柜"优势进一步凸显。40年时间里,经历6次易址、12次扩建、5代跃迁,市场的形态已经从第一代马路市场、第二代摊位市场、第三代棚架市场、第四代室内市场,发展到第五代国际商贸城,义乌逐渐发展成为全球最大的小商品集散地。

2024年上半年,义乌小商品城实现成交额1358.2亿元,同比增长20.6%。疫情后,线下实体市场快速恢复并保持增长态势,市场经营面积、商位数分别达到640余万平方米、7.5万多个。如果在每个摊位停留3分钟,按1天8小时营业时间来计算,逛遍全部摊位需要超过1年时间。商品品类不仅涵盖传统小商品意义上的玩具、饰品、工艺品等,更有小家电、宠物用品、智能家居、新能源产品等新兴品类。

天时、地利、人和,多方因素共同造就了义乌小商品市场的独有经验:天时,把握政策机遇,40多年以来坚持"兴商建市";地利,位居浙江省中部,商人的集聚带动了基础物流体系的发展;人和,义乌经商历史悠久,从"鸡毛换糖"到"敲糖帮",积淀了浓厚的经商氛围,加上义乌人敢拼敢闯的精神,让义乌从一个需要人们手摇拨浪鼓走街串巷的资源贫瘠县城,到拥有全球最大的小商品批发市场的国际化商贸城市。

1.2 商城集团,市场运营主体

义乌小商品市场由浙江中国小商品城集团股份有限公司(商城集团)负责整体建设运营。该集团于 1993 年成立,于 2002 年上市(代码为 600415.SH),承担着义乌市场建设运营的职能,2023 年实现营业收入 113 亿元,同比增长 48.3%,股东净利润 26.76 亿元,同比增长 142.25 亿元。

商城集团在义乌国际商贸城的发展和运作中扮演着核心的角色。作为负责商贸城运营的主要实体,商城集团不仅管理着市场的日常工作,还推动着市场的创新和数字化转型。商城集团凭借其丰富的经验和专业的团队,确保了市场的有序运行和高效管理,商城集团为经营户提供了公平、公正、透明的竞争环境,保障了市场的繁荣和稳定。同时,商城集团布局配套酒店、展览、仓储、房产等市场生态,为经营户解决客商接待、货物仓储、商机拓展等需求。这些配套设施的完善,不仅提高了经营户的工作效率和生活质量,还增强了他们对义乌市场的归属感和黏性。

随着经济活动的日益复杂,市场经营户的需求也日益多元。为了更好地服务义乌市场商贸生态,商城集团于 2018 年实施从以资源为中心的线下"房东型"企业向以用户为中心的服务平台企业的战略转型,从单一的市场管理、运营及配套业务向多元的贸易履约服务体系转变,致力于同义乌市场的多样化贸易主体建立更深度的链接,提供未来更广阔的业务成长空间。2020 年推出线上数字化平台"Chinagoods",实现线下市场和线上电商的融合,推动传统外贸企业的数字化转型发展。2022 年,合资成立智捷元港,为市场中小微企业提供便捷、高效的物流履约支撑。2023 年上线"义支付"跨境支付平台,为市场贸易提供更合规、安全及高效的支付服务,贸易全链条服务进一步延伸,将义乌小商品市场从传统的线下市场转变为线上线下融合的新型商贸平台。并且,靠着多年市场数据的积累,持续输出"义乌指数"的数据服务,成为全球小商品贸易的风向标,为市场参与者提供了重要的数据支持,引领全球小商品贸易的发展趋势,增强义乌小商品市场的竞争力和影响力。

2 从有到优，商品出海寻找新机遇

义乌小商品市场的贸易模式具有其特殊性。首先，义乌小商品市场以其"量大利薄"而闻名，订单表现会受到国际汇率、航运价格等各个贸易环节的影响。其次，义乌的贸易方式以传统经营为主，市场做线下展示，客商或外商来到义乌线下进行实地选购，义乌国际商贸城日均外商客流可达约 3 500 人次，义乌市常驻外商多达 1.5 万人，外商订单是义乌市场非常重要的部分。最后，在出口国家方面，除欧美外，东盟、中东、拉美、非洲等也是义乌小商品市场的主要出口目的地，出口区域范围非常广泛。

这些特性既构成了其成功的基石，也使其在面对国际市场波动时显得尤为敏感。

2.1 国际形势对义乌小商品出海的挑战

大国博弈带来的军事冲突和金融动荡等使得全球政治经济充满了不确定性，直接或间接地对义乌小商品出海造成影响。

政治方面，军事冲突产生蝴蝶效应。俄乌冲突使得大宗商品成本上涨，传导至中国制造业下游，造成生产成本的上涨。巴以爆发冲突，中东地区安全形势恶化，航运公司纷纷绕行非洲好望角，使海运费用水涨船高。

经济方面，贸易壁垒和金融动荡的影响更是直接冲击着小商品贸易。由于中美贸易摩擦，美国政府多次对中国商品加征高额关税。虽然义乌市场商品以日常消费品为主，且出口国家结构多元，应对冲击存在韧性，但存在贸易周期延长和对美加工订单下降的现象，劳动密集型产品的订单向东南亚等国转移。俄罗斯遭美欧制裁，被排除出国际资金清算系统（SWIFT），义乌市场与俄罗斯的贸易结算难度增加，卢布对美元的汇率波动加大了义乌市场企业汇率管理的难度和风险。受电信诈骗影响，义乌地区外贸商家冻卡现象最为严重，使商家可能面临资金链断裂、正常贸易经营无法完成的风险。义乌市场主要出口地区如非洲、拉美等地，政权不稳，汇率波动频繁，也对义乌市场的贸易经营产生了冲击。

国际形势的微妙变化都可能对义乌小商品行业的发展产生深远影响,这种影响贯穿于后端制造成本、中端订单交易以及前端货品交付等各个环节。

面对不断变化的国际贸易环境,义乌市场的商户们在保持原有传统市场优势的情况下,积极地由"坐商"模式向"行商"模式转变,参与海外活动,主动出海寻找商机。

然而,尽管义乌经营户们的出海意愿强烈,但在实际操作过程中,他们仍面临着诸多挑战和困难。其中,最为突出的便是出海模式尚未成熟,对目的国市场的深入研究、供应链体系的建设以及法律合规等方面的配套支持尚不完善。这种"单打独斗"的出海方式,无疑增加了企业在海外市场的经营风险和不确定性。

2.2 商城集团携手义乌小商品出海的模式探索

商城集团作为市场的主要运营方,成为带领义乌小商品市场商户探索出海模式的先行者和组织服务者。商城集团以集团资源为支撑,统一带领市场经营主体走出去,攥指成拳,探索中国商品出海的集群化发展之路。

商城集团推出"品牌出海"计划,统一名称、统一标识、统一标准、统一服务,通过"海外分市场、海外仓、海外站、海外展厅、海外展会"等品牌出海组合拳,推动小商品触达更大的市场。

2.2.1 海外分市场,品牌输出合作

海外分市场,即通过品牌加盟,商城集团授权合作伙伴将其市场命名为"YIWU MARKET",并为合作伙伴提供市场建设、运营、管理、招商等全方位的咨询服务,同时输出义乌的一体化供应链服务。

通过设立海外分市场,可以将义乌商品的实体展示延伸到国外,有助于企业拓展国际业务,增强品牌影响力,并更好地服务当地及区域市场;让企业更加接近目标客户,深耕当地市场,将海外市场作为收集市场信息和消费者反馈信息的前线,帮助企业及时响应市场需求的变化,为海外市场提供更加个性化和本地化的服务。同时,这也有助于提升企业的国际品牌形象,增强品牌在海外市场的知名度、影响力和竞争力。

海外市场建设是最直接、最全面,也是模式最"重"的出海模式。在海外复

制义乌线下市场往往要按数十年做规划,对所在国的政治稳定性、经济发展潜力、合作方实力、投资回报周期等都要做非常详细的考察。所选择的海外端合作方通常需要在土地资源、资金运作、本土运营等方面能力突出。中方负责海外分市场的前期规划、招商运营及后期管理工作,提供国内端"人、货、场、链"配套闭环输出;国外合作方负责土地资源、基础建设、政商协调等当地化组织及协调,为项目争取低准入门槛及有利的营商政策,确保项目在政治局势变化下的稳定、长远发展。

商城集团首个海外分市场项目落地迪拜,"迪拜义乌中国小商品城"于2022 年 6 月 30 日开业,由商城集团与迪拜环球港务集团(DP World)联合开发,总投资约 10.6 亿元,占地面积约 21 万平方米,涵盖商品展示、保税仓储、物流转口等功能。该项目包含商铺约 1 600 间、仓库 324 间,招商率超过 90%。迪拜市场位于迪拜杰贝阿里自由贸易区,距马克图姆机场及中东地区最大港口之一的杰贝阿里港仅 15 分钟车程,能够有效辐射周边(中东、北非、欧洲等地)近 10 亿人口的消费市场。

迪拜以其奢华的旅游体验和标志性的旅游景点如帆船酒店、棕榈岛闻名,吸引了来自全球各地的游客。在经贸方面,迪拜地处欧亚非三大洲的交会点,是重要的贸易和物流中心,拥有先进的基础设施和便利的营商环境,作为"中东门户",是"义乌制造"在该地区最大的贸易集散地。同时,义乌出口中东、非洲等地的商品,大部分也需要在迪拜中转。中东地区国家与义乌贸易往来密切,2024 年上半年,义乌对非洲、沙特阿拉伯分别进出口 578.3 亿元、79 亿元,对"一带一路"共建国家合计进出口 2 034 亿元,同比增长 23.7%。在西方国家不断设置贸易壁垒的情况下,在迪拜设立海外分市场,深入发展中东市场,有助于增强义乌企业应对地缘政治和经济风险的韧性,并为周边区域带去新的商贸机遇。

2.2.2　海外仓,全球交付体系建设

海外仓(FBC Warehouse)依托"集合派"数字化物流供应链平台和"义乌中国小商品城"品牌赋能服务,与海外仓优质运营方以共建或加盟方式开展业务对接,完善义乌出口跨境贸易端到端供应链和物流履约服务。根据义乌出口需求与市场趋势对 FBC 海外仓进行仓内规划,提供包括仓储管理、分拨派送和供应链金融等一体化的仓储物流解决方案,并利用数字化、智能化系统高效地满

足客户对 FBC 海外仓的各种要求,实现全程可视(包括但不限于物流可视、库存可视、账单实时可视)、端到端、一体化的供应链和物流履约服务。

中国跨境电商的快速发展,很大一部分得益于国内基础建设的完备以及供应链体系的高度建设,使得电商包裹物流配送可实现"一日达",但国外基础设施建设有限,大大减缓了物流效率,增加了小商品出海的物流成本。建设海外仓,对产品储备进行前置性布局,使海外仓成为"海外驿站",可以助力打通出海物流堵点,稳定出口,确保供应链畅通,助推海外市场布局。海外仓为企业出海提供了更快的时效,更好、更全面的物流服务。例如,迪拜仓与迪拜分市场形成"前店后仓"运营联动,提升了物流效率并降低了运营成本,为企业出海带来了更强的竞争力。

自"品牌出海"计划启动以来,义乌在全球范围的布局覆盖欧洲、美洲、中亚等地,仓储面积超过数十万平方米,服务企业超过 500 家。

西班牙海外仓落地马德里大区的平托(Pinto)市,距离马德里市中心 17 公里,是马德里南部近郊物流仓储集中区域,紧贴高速公路,距离南欧地区最大的华人批发市场 Fuenlabrada 华人仓库区 10 公里,仓储面积约 10 932 平方米。西班牙海外仓借助西班牙优越独特的地理位置,布局以马德里为中心的伊比利亚半岛物流枢纽,以海外仓数字贸易枢纽网点来辐射西班牙、葡萄牙、法国南部,以及北非和拉美市场。

2.2.3 海外展厅,供应链整合服务

海外展厅,即通过精选海外有营销及贸易履约能力的加盟合作方,合作设立义乌好货展厅(Yiwu Selection),为有意向、有能力出海的义乌市场优质商家打造一个集样品展示、新品推介、品牌推广、买家对接等服务于一体的海外贸易窗口。

海外线下批发市场或商区提供了较好的商品展示基础,义乌商品"多且全",在特定的区域内设立展厅来展示部分义乌商品,使义乌好货展厅成为长年运营的"海外样品间",以"样品线下展"+"生意线上谈"+"海外本地推"的方式,以更灵活、更具性价比的方式,系统性地帮助境外买家实现高效洽谈与真实体验,为出口企业提供高效率、低成本、实体化、数字化、本土化的外贸营销服务。海外展厅把义乌源头好货带出海,为义乌优质供应商与全球采购商提供更便捷的双向互通平台,助力义乌商品开拓全球市场。

展厅要运营"活",占用资源最大的不是投资建设,而是本土运营。因此,商城集团往往选择与有履约能力的小商品贸易服务商、供应链企业或物流企业共同合作,强强联手,由合作方负责展厅的建设及日常运营、订单响应、引流宣传,商城集团提供品牌授权及宣传、供应链整合、物流综合方案、数字化赋能、供应链金融。

义乌好货展厅多作为海外仓业务的延伸,围绕"义乌系"海外仓布局。商城集团在迪拜、西班牙、马来西亚、捷克等义乌重点贸易节点城市布局了12个海外展厅,总面积逾6000平方米,展陈日用百货、小家电、五金工具、厨房卫浴等义乌市场优势行业品类,近1000家企业2.1万个SKU。

2.2.4　海外展,品牌展贸平台

海外展,即以中国义乌国际小商品博览会(简称"义博会")海外展作为项目及品牌载体,与海外专业办展机构深度合作,重点拓展新兴市场国家的自办展业务。义博会已经成功举办29届,是目前国内最具规模、最具影响力、最有成效的日用消费品展会,每年吸引约10万人参展,约10%为境外采购商。利用义博会在海外市场的影响力,商城集团把义博会搬到海外,举办义博会海外展。

疫情后,全球会展行业全面恢复,随着对外开放的深入推进,中国企业出国参展、办展的规模逐步提升,特别是共建"一带一路"国家的展会项目将进入高速发展期,市场对专业性展览会的需求也不断增加。

海外展也成为义乌企业出海更加高效、更加经济普适的模式之一。海外展为义乌企业集聚了海外同行、潜在客户以及合作伙伴,助力义乌企业在目标海外市场精准寻找合作机会,在展会现场进行交易磋商,在有限的展示时间内更高效地实现商机拓展。目前,义乌小商品外贸行业大多为中小微企业,资金资源有限,无法独自承担进一步开拓国际市场的成本,商城集团依托企业资源、服务体系,带队义乌企业出海参展、办展,增强了企业出海的信心与安全感。

海外展有两种形式:一种是自办展,商城集团负责国内招展、带团出境、展品物流等工作,在当地寻求合作方,由合作方负责当地的采购商招引、宣发推广、流量造势、场馆租赁等工作;另一种是展中展,在当地成熟的品牌展会中单独设立展区,以展中展的形式呈现"义博会海外展"的整体形象。

商城集团通过独立主办及与海外办展机构合作的方式,以"义博会海外展"作为项目载体,每年组织200家企业参加10场以上的海外展会,已在市场经营

户群体中形成了一定的口碑效应。2024 义博会海外展印尼站共吸引采购商 1.3 万人次,收获意向客户 3 900 余位,意向订单 960 余笔,意向订单额 2 900 余万元;现场成交订单 182 笔,现场成交额 510 余万元。

2.2.5 海外站,数字货盘共享

海外站,即聚焦出海一盘好货资源,以数字化手段整合海外电商平台及优质贸易商渠道,以国家站和独立站为核心打造 Chinagoods 海外站群矩阵,助力义乌市场、商家品牌出海。针对海外运营方不同的实力和需求,海外站又分为多种合作模式。国家级合作方可以选择国家站、义乌好货展厅站。针对在海外已经有电商网站的合作方,义乌小商品城电商平台(Chinagoods. com)可以以"义乌小商品专区"的形式整体入驻,利用电商网站的流量,扩大义乌小商品的影响力。

Chinagoods 国际站将义乌商品出海场景从线下延伸至线上电商,模拟交易磋商场景,帮助义乌的本土企业互通全球,通过数字赋能义乌商品走向全世界。

"品牌出海"计划推出至今,通过与商家合作的方式,陆续开通了西班牙、迪拜、哥伦比亚等 8 个国家站,发布商品数量超过 70 万款,为不同区域的采购商提供有针对性的选品及贸易对接服务;同时对接海外知名平台如非洲 Egatee 平台、韩国多卖库 B2B 平台等,积极布局海外社媒推广。

综上,"品牌出海"计划以城市名片"义乌中国小商品城"为品牌载体,通过标准化输出模式、规模化供应体系、全链路履约能力,实现义乌市场人、货、供应链协同出海,进一步增强了义乌小商品的全球竞争力。

3 义乌小商品品牌出海的赋能体系

商城集团"品牌出海"通过五种标准化模式,为义乌企业出海提供更有效的商贸对接,更具备保障的服务。不仅如此,为了应对外贸中常见的政治经济波动、文化差异等风险,商城集团持续构建贸易履约服务体系,赋能商品出海。

为应对海运和资金风险,商城集团推出了 FBC 体系、义支付,为品牌出海保驾护航;为解决全球性的语言障碍、技术学习壁垒,商城集团推出 AI 产品,

为品牌出海赋能加速；同时，持续输出"义乌指数"，为品牌出海指引方向。

3.1 FBC两仓一线，更联动的履约服务

2022年8月，由商城集团与中远海运集团、普洛斯三方合资的智捷元港国际供应链科技公司成立，合作搭建数字化物流履约平台，整合国内外仓储资源和航运物流资源，打造FBC(fullfil by CCC)全链路数字化全球履约交付体系，通过数字化和集约化赋能跨境物流全链路、各环节，为出海企业提供全域覆盖、全流程透明的国际贸易履约服务。

两仓一线，为义乌中小微企业提供具备市场竞争力的航线价格和舱位保障。首条航线开通菲律宾专线，可实现义乌至菲律宾10日达。同期，商城集团FBC仓和马来西亚巴生仓同步开仓，是该体系的首个国内仓以及海外仓，两仓共用一个代码、一个数字化系统，一单到底，实现货物境内外全流程、可视化的追踪，可以有效提升商品出海的效率和安全可靠性。

"两仓一线"联动，相当于为义乌商品出海开通了大通道，有利于加速"义乌中国小商品城"品牌出海，以供应链的高效畅通促进贸易链的安全便利。

3.2 义支付，更安全稳定的支付体系

以前，义乌大部分商户会聘请专业的外贸公司代理收款，但由此产生的收不回款或收款周期过长等问题，使现金流并不充裕的中小外贸企业头疼不已。近年来的"冻卡"风波直接影响到众商家的外贸生意，产生了一定的经济损失。

2022年，商城集团通过收购获得海尔旗下第三方支付平台"快捷通支付"100％股权，随后将品牌升级为"Yiwu Pay义支付"，从而形成了互联网支付牌照、征信牌照、保理牌照的金融服务"三驾马车"。使用义支付后，除个别因经营户提交单据不全等特殊情况，款项基本可以当天到账。义支付不仅助力企业资金高速流转，还降低了业务运营成本，同时减小了汇率风险以及冻卡风险。

"Yiwu Pay义支付"目前业务覆盖150多个国家和地区，国际收付主流币种达到25种。

3.3 AI 创新,更前瞻的技术赋能

AI 浪潮席卷各行业,技术创新有利于传统外贸企业突破新兴技术壁垒、语言障碍,让义乌商人"行商"跑得更快,出海更加顺畅。

2023 年 10 月,商城集团发布全球首个商品贸易领域大语言模型,并上线了新升级的 Chinagoods AI 智创服务平台,上线了 AI 商品发布、多语言视频翻译等功能,其中,名为"贸语心生"的应用让义乌老板娘以数字人的形式出现,通过 AI 技术将录制的中文视频转化为 36 种语言版本,并根据发音调整口型。借助 AI 技术,商户的商品介绍可以转化成目标客户的语言并上传至社交平台或重点客户的社交账号,让客户轻松了解商品情况,也让更多的国际采购商了解义乌市场。

3.4 义乌指数,更清晰的市场风向

作为在全球范围内规模巨大、极具影响力的商品批发集散市场,义乌小商品市场的交易规模、价格走势、景气状况等,都给全国乃至全球日用消费品市场带来了一定的风向参考。在过去的十几年中,商城集团持续发布"义乌·中国小商品指数",被商务部列入首批经济监测类指标指数之一,全面反映了义乌小商品的价格和市场景气活跃程度。商城集团成立了编制工作领导小组,负责指数的数据采集、日常运行等工作,在日常的市场管理过程中,了解市场运行状态,收集商品信息,输出综合数据价值,为出海提供风向标。

4 义乌小商品品牌出海的借鉴与思考

在以经济内循环为主、国内国际双循环相互促进的新发展格局下,中国品牌出海是加大和扩张"国际循环"的核心路径。

4.1 把握机遇,积极转变出海模式

义乌,这座历史悠久的外贸城市,其市场上的企业虽已积累了丰富的外贸

经验,与国际市场建立了深厚的联系,但多数仍停留在货物出海的初级阶段,品牌效应尚显薄弱。

为了突破瓶颈,义乌积极寻求转型与升级,通过多样化的出海形式,加快出海步伐,增加品牌在海外的曝光度与影响力。这一转变不仅有助于提升义乌小商品的国际化品牌形象,更能在国际市场上树立起独特的品牌地位,从"货物出海"向"品牌出海"转变。

4.2 抱团出海,合力应对出海风险

企业出海,如果是单打独斗,往往难以应对全球贸易的复杂多变与不确定性。义乌以高瞻远瞩的智慧,选择了抱团出海的策略。在这一模式下,企业间不仅实现了资源的共享,包括资金、技术、人才等多方面的互补,还促进了信息的流通与交换,确保了对市场动态的敏锐把握。通过共同建设出海生态,各家企业能够协同应对风险,降低出海成本,提升整体竞争力。

这一创新举措的背后有着强大的支撑力量。义乌政府及商城集团作为坚实的后盾,不仅提供了政策引导与支持,还借助"义乌中国小商品城"这一城市IP,为出海企业打造了独特的品牌形象与市场定位。这一城市IP的广泛影响力,使得义乌市外贸企业在国际市场上更加引人注目,也为它们赢得了更多的合作机会与市场份额。

4.3 模式多元,打造出海联动通道

商城集团的五大出海模式涵盖了轻资产与重资产的投入,以及线上与线下的布局,形成"线上/线下展陈—国际物流—海外仓储"的出海联动。这一模式通过优化供应链管理,降低了物流成本,缩短了交货周期,提高了海外客户满意度。这种全方位、多层次的出海联动模式,为义乌企业在全球市场的快速发展提供了有力支撑。

在推进其出海战略时,商城集团确实面临着人力、财力及资源等多方面的挑战。面对这些挑战,科学的战略研判和精准的布局显得尤为重要。商城集团目前采取的海外布局,正是基于对义乌小商品主要出口市场的深入理解和精准把握。比如在中东这样市场规模大、消费者需求旺盛的地区,商城集团考虑重

资产投入,在迪拜建立海外市场。

确实,义乌小商品的出海之路是一个复杂而多维度的过程,它充分展现了中小微企业在推进全球化进程中所必须掌握的关键要素。借鉴义乌所取得的成功经验,中小微企业或须继续深化对国际形势的分析研判,敏锐捕捉国内政策所带来的有利契机,有效整合地域性资源,并科学合理地规划出海战略,以期以更为稳健的步伐,稳步迈向全球市场的广阔舞台。

启发思考题

(1) 义乌商品成功出海的原因有哪些?未来可能遇到的阻力是什么?如何解决?

(2) 从"敲糖帮"到坐拥640余万平方米市场经营面积的商城集团,义乌商品的"成功秘诀"是什么?

TikTok 漫漫出海路[①]

0 引言

2020 年 8 月 1 日,时任美国总统特朗普签署行政令,勒令字节跳动在 45 天内出售旗下 TikTok 业务,否则 TikTok 将被美国封禁。8 月 6 日,特朗普发布总统令,禁止美国企业与居民在 45 天后与字节跳动有任何交易往来。8 月 24 日,TikTok 在加州地区法院起诉美国政府。9 月 28 日,美国联邦法官裁定暂缓实施特朗普的 TikTok 封禁令。

也正是在 2020 年,TikTok 在美国的累计下载量超过 1.65 亿次,全球下载量突破 20 亿次大关,市场占有率超过了 Facebook 和 Twitter 等美国社交平台巨头。在美国下载量前 10 名的 iOS 应用程序中,TikTok 好评率名列前茅,高达 88%,远超 YouTube(47%)、Instagram(35%)和 Facebook(7%)。根据 eMarket 的数据,TikTok 全球广告收入超过 10 亿美元。TikTok 的估值一度超过 Facebook。

而这一年,只是 TikTok 出海的第三年,进入美国市场的第二年。

---

① 本案例由上海交通大学安泰经济与管理学院案例研究与开发中心张菱(兼职)撰写。在写作过程中参考了现有公开信息。该案例的目的是用来做课堂讨论的题材而非说明案例所述公司管理是否有效。

1 短视频

2012 年 3 月,张一鸣创立字节跳动公司。同年,资讯平台今日头条上线,90 天后用户数突破 1000 万名。2016 年 9 月,字节跳动在国内推出短视频社区平台抖音,2017 年,抖音月活跃用户数(MAU)超过 1 亿人。同一年,抖音国际版 TikTok 试水日本和东南亚市场:8 月,TikTok 进入日本,3 个月时间就成为日本应用商店下载量第一的免费 App;2018 年 1 月,TikTok 又登顶泰国应用商店免费 App 排行榜;在印尼、马来西亚和越南等国的免费下载量榜单上,也都有 TikTok。

TikTok 曾被 BBC 的报道称为一个让人开心的平台,总是能通过各种主题活动不断输出有意思的"梗",富有创意的呈现形式很容易"洗脑"和迅速传播;其他社交平台多少都会有一些负面新闻令人不快,而 TikTok 总是快乐的;最重要的一点,TikTok 非常用户友好,容易上手,平台提供的功能让短视频制作变得简单,且成品具有一定的水准。

1.1 人人都能成为网红

创作优质视频的传统过程通常需要复杂的拍摄、剪辑和后期制作,成本和门槛较高。但 TikTok 提供的功能使得创作过程变得简单易行,哪怕是初学者也能制作出接近专业水准的视频。字节跳动 CEO 曾总结抖音获得成功的四大要素——全屏高清、特效滤镜、洗脑音乐和个性化推荐,这也是 TikTok 风靡全球的秘诀,每一个要素都为用户提供了极具吸引力的体验。

首先,全屏高清的显示效果能让用户获得更强的沉浸感,享受更优质的观看体验。特效滤镜不仅让视频拍摄更加酷炫、美观,也大大降低了视频制作的难度和成本。对于普通用户来说,特效滤镜能帮助他们快速实现专业效果,满足了他们自我展示和认同的需求,激发其更多的创作热情。洗脑音乐为用户提供了丰富的免费曲库,让他们能轻松选择适合自己视频的背景音乐。这几大要素大幅降低了视频创作的门槛,让更多普通用户得以享受创作带来的成就感,并有可能制作出爆款内容。在全球各地,包括许多乡镇和农村地区,年轻人借助 TikTok 展现自我,抒发心声。

　　TikTok 不仅是娱乐工具,更为全球的年轻人带来了商机。许多 TikTok 用户凭借一些热门视频迅速积累大量粉丝,甚至成了拥有百万粉丝的"网红"。这些用户通过平台获得了丰厚的收益,对于他们来说,创作视频不仅是为了获得认可和关注,还是一条通往财富和名气的道路。大量粉丝意味着未来的变现机会,例如广告、合作或产品推广。

1.2　个性化推荐算法

　　用户在浏览 TikTok 时,算法也在通过用户的行为数据观察用户。算法会基于用户的浏览记录和偏好(而非订阅内容)生成用户画像。事实上,从用户注册账号起,系统就开始根据用户的各类行为为算法提供数据支持,这些数据包括账户设置和兴趣类别选择、使用场景和观看习惯等。用户在平台上的每次互动——无论是点赞、评论还是分享——都会影响算法的推荐决策。TikTok 通过这些数据不断优化个性化推荐算法,让推送内容与用户的兴趣更匹配,并实时调整推送内容,提升用户体验。

　　在内容创作端,TikTok 通过一系列算法筛选机制确保优质内容获得更多曝光。创作者发布一段视频后,系统会先分配一个初始播放量(1 000 以内),基于这批用户的反馈(点击率、点赞数、评论数、完播率等),系统会决定是否将视频推送到下一级流量池(1 000~5 000 播放量)。同样根据反馈的情况,视频可能进入更高的流量池,直至 10 000~100 000 或更高。通过这种层层筛选的机制,优质视频不断获得曝光,激励创作者发布更多优秀内容,同时吸引更多用户和流量。这一推荐机制实现了流量分配的去中心化:只要内容够好,不论是新手还是拥有百万粉丝的博主,都有机会获得大量曝光。

　　TikTok 个性化推荐的关键点在于算法的精准匹配和高效运作。每个用户的推荐内容都是独一无二的,这样的推荐系统让平台成为用户和创作者的"连接器",无论是寻找内容还是积累粉丝,都变得前所未有的简单和快捷。同时,TikTok 主打 15 秒短视频形式,抓住了用户时间碎片化的特点。短视频模式降低了视频拍摄和上传的难度,也让用户能随时随地利用零散时间观看,从而增强了平台的吸引力。

2 开拓海外市场

2.1 "农村包围城市"

TikTok 在发展中国家有一套成熟的市场拓展策略,首先锁定小城市的工薪阶层,然后逐步进军消费能力更高的中心城市。这种"从农村包围城市"的打法在印度取得了显著成效。

TikTok 首先瞄准四五线城市的用户群体。在印度,受教育程度较低的人口大多生活在四五线城市。这一群体偏好简单的娱乐内容,如乡村喜剧和唱歌跳舞的短视频。他们的可支配收入有限,广告商对他们兴趣不大,因此,这些地区的广告投放费用较低。TikTok 通过广告投放,将大量四五线城市用户引导至平台,同时内部创建一批账号,上传符合该群体口味的"土味"内容。这些内容有效地提升了平台的活跃度,推动了 TikTok 在应用商店的排名上升,并吸引了媒体的关注。

其次,当用户规模达到一定程度后,策略开始向上延伸。随着四五线城市用户的增长,TikTok 开始将目光投向三线城市的小微网络名人群体。这些人是社交媒体上的业余创作者,通常拥有 5 000～10 000 名粉丝。TikTok 通过小额投入吸引这些人加入平台,进一步提升内容质量,使原先的低质量内容逐渐被较高质量的视频所取代。

最后,TikTok 开始进军二线城市和高端市场。当平台上的优质内容占比达到 1/3 时,TikTok 转向拥有更高消费能力的印度二线城市。通过重金邀请知名网络名人入驻,TikTok 不仅吸引了大批粉丝,还通过高质量的内容和精心制作提升了平台的形象。同时,TikTok 不断加大广告投入,吸引更多专业网红和传统名流的加入,扩大影响力。社会名流的带动效应使得更多非核心用户开始关注并使用 TikTok,进一步推动平台的扩展。

这种分阶段的策略帮助 TikTok 在印度市场迅速崛起,从下沉市场逐步向主流市场渗透,成功覆盖了各个层级的用户群体。

2.2 进军欧美

字节跳动于 2017 年和 2018 年分别收购了 Flipagram 和 Musical. ly。两者都是短视频创作平台,Flipagram 提供可将电子相册制作成短视频的服务,Musical. ly 则专注于对口型音乐短视频。Flipagram 最宝贵的资产是从创立之初就开始积累起来的海量正版音乐资源,另外,有 2 亿多名创作者在 Flipagram 上发布了近 5 亿个短视频;Musical. ly 被收购时在全球拥有 2. 4 亿个用户,美国用户 6 000 万个,全球日活跃用户(DAU)2 000 万人,美国 DAU 600 多万人。对这两家公司的收购不仅使得 TikTok 迅速打开了欧美市场,而且很快成为美国位列 Instagram 和 Snapchat 之后的第三大短视频平台。

在欧美,TikTok 采用了与在发展中国家完全不同的市场拓展和用户增长策略。首先,TikTok 在全球多个知名地标进行广告投放,包括纽约时代广场、迪拜哈利法塔等,以提升品牌知名度。其次,在用户资源引流方面精准投放。TikTok 在 Instagram、Snapchat、Google 和 YouTube 上大量投放广告,特别是 Snapchat,成为 TikTok 2019 年最大的广告主。这些平台的用户群体与 TikTok 的用户定位更契合。TikTok 也通过邀请欧美明星和主要意见领袖(如卡戴珊、Justin Bieber 等名人)入驻来增强用户互动。明星和名人的参与和号召力显著提升了用户的参与热情。最值得一提的是,TikTok 推出的"Challenge"主题活动取得了火爆的效果,极大地推动了用户增长和留存。该活动提供模板和滤镜,降低了创作门槛,提升了用户参与感,显著提高了用户留存率。该活动的典型案例是一位用户上传的《老城之路》被 TikTok 定为挑战赛的背景音乐,成千上万用户上传模仿视频并选用此音乐,助推《老城之路》荣登 Apple Music 全球排行榜榜首,并进入全球权威音乐榜单 Billboard,位列第 15 名。"Challenge"主题活动成为 TikTok 在美国市场获得巨大成功的重要原因之一。

3 技术出海,本土化运营

TikTok 在进入海外市场后,始终坚持"技术出海,本土化运营"的战略方针。平台在保留其核心功能的基础上，推动内容的多样性，同时积极适应当地市场的需求。为实现这一目标，TikTok 在各国组建了本土化的运营团队。以美国为例，TikTok 收购 Musical. ly 后，Musical. ly 的联合创始人朱骏（Alex Zhu）加入 TikTok 成为高管；TikTok 还重金引入了原脸书的全球副总裁布莱克·钱德利（Blake Chandlee）、原 YouTube 的全球创意主管瓦妮莎·帕帕斯（Vanessa Pappas）和付费订阅项目负责人斯特凡·海因里希（Stefan Heinrich）等高端人才。这些人才不仅具有全球视野，而且对当地文化有深刻认识，这使得 TikTok 能够高效地开拓新市场。

为了实现本土化运营，TikTok 依靠当地的运营团队深入挖掘市场文化特色，设计并推广适合本地用户的线上线下活动。例如，TikTok 在泰国推出的泼水节贴纸就深受当地用户喜爱，充分体现了对本地文化的尊重和理解。此外，本土团队的外籍员工也为产品和运营提供了许多基于文化、风俗的建议，从而帮助 TikTok 更好地融入各国市场。

虽然许多在中国流行的舞蹈和音乐通过用户筛选，有很大机会在其他国家同样受到欢迎，但 TikTok 会根据当地文化特点进行调整。例如，日本用户普遍性格较为内敛，不太会主动拍摄视频，为此，TikTok 简化了舞蹈动作，让模仿变得更容易，降低了用户参与的门槛。此外，日本用户偏好抱团行动，TikTok 针对这种从众心理，推出了适合团体挑战的玩法，吸引了大量用户参与。这些策略帮助 TikTok 在不同文化背景下获得成功，提升了全球用户的参与度和忠诚度。

4　TikTok"兴趣电商"

在传统电商模式下，用户有明确的购物需求，通过搜索寻找想要购买的商品，而在"兴趣电商"模式下，个性化推荐算法基于用户画像向用户推送他们感兴趣的内容和产品。前者是人找货，后者是货找人。

4.1　印尼的挑战和机遇

东南亚国家是 TikTok Shop 首批上线的海外市场之一，2021 年 2 月在印尼推出。TikTok Shop 在英国的直播带货并不顺利,但在印尼和其他东南亚国家取得了显著成功。到 2022 年春夏,TikTok Shop 陆续在越南、泰国、马来西亚、新加坡和菲律宾等国上线,迅速引领了东南亚的直播电商潮流。

TikTok Shop 在印尼上线的 3 年内,其商品交易总额(GMV)增长了 7~8倍,但 TikTok Shop 也引发了来自当地政府和本土电商的压力和抵制。印尼政府指控 TikTok Shop 损害了当地中小企业的利益,并且指出其商品 74% 来自中国,涉嫌倾销。3 个月左右的时间,印尼政府完成了从修改法律到签署禁令的流程,封禁了 TikTok 的电商业务。

印尼本地多达 600 万户商家依赖 TikTok Shop 进行销售,封禁带来的直接经济损失让这些商家受到严重打击。此外,封禁并没有带来预期的效果,实体商业并未出现繁荣景象,反而对印尼的营商环境造成了负面影响。与此同时,在印尼的邻国马来西亚,TikTok Shop 借马来西亚已从中国引进的"双十一"电商节大力扶持当地中小企业,吸引了 100 多万名卖家利用短视频和直播带货。TikTok Shop 下线后的 2 个月内,印尼当地政府和企业逐渐开始反思当初的决定。

在这段时间内,TikTok 与印尼官方进行了多轮谈判,在 2023 年 12 月,印尼 GoTo 集团旗下本土电商平台 Tokopedia 与 TikTok Shop 宣布合并,成立了由 TikTok 控股的新公司,TikTok Shop 也重新上线。

根据最大的 TikTok 数据分析平台 Fastmoss 的数据,TikTok Shop 2023年在东南亚的 GMV 达到 130 亿美元,市场占有率为 14%。

4.2 美国市场

2023 年 9 月,TikTok Shop 正式进军美国市场,并在 11 月的"黑色星期五"和"网络星期一"大促活动中吸引了超过 500 万名新用户在平台上购物,"黑色星期五"单日 GMV 超过 3 300 万美元。许多原先在亚马逊开店或拥有独立站的海外品牌纷纷加入 TikTok Shop,有些品牌的月销售额高达上千万美元。

根据运营方式的不同,TikTok 电商可分为全托管模式和自运营模式。全托管模式的商家只负责提供商品,由平台定价,店铺的运营(营销、交易、仓储、物流和售后等)都由平台统一负责。这一模式更适合拥有供应链资源的商家,尤其是那些具备稳定上新和交付能力、能够应对内容电商带来的流量高峰的商家。

在自运营模式下,商家有自主定价权,也可参与平台的营销活动,更适合具备电商,尤其是内容电商运营经验的商家。自运营商家的销售模式主要分为三种:商家通过短视频或直播销售(自播)、达人带货和商城模式。其中,达人带货是美国 TikTok 电商最主流的模式,GMV 占比高达 80%;而商家自播模式在东南亚市场更加成熟,自播的 GMV 占比高于英美市场。

直播电商是 TikTok 的特色,但美国市场的这一潜力尚在开发之中。首先,美国消费者没有看直播购物的习惯,Instagram 和脸书都曾在短暂尝试直播电商业务后放弃。其次,美国存在主播供给不足的问题,并没有很多美国人梦想通过直播带货赚钱,尽管随着时间的推移,这一问题已有所改善。再次,美国电商主播的效果不佳,转化率较低,主要原因之一是他们的直播时间较短,一般只有 20 多分钟,而东南亚主播的直播时长通常为 2.5 小时。最后,美国直播电商的生态也不成熟,MCN(Multi-Channel Network)①服务商的盈利模式还在探索中。

为此,TikTok 持续推进在美直播电商的发展,建立了许多直播基地,大力培育更多有影响力的主播。方法之一是打造一批标杆性主播,如在来自中国MCN 机构的助力下,美国主播斯托米·斯蒂尔(Stormi Steele)在 2024 年 6 月创下了 6 小时直播销售额破百万美元的纪录;之后,这一纪录又被另一主播曼迪斯·佩娜(Mandys Pena)刷新,单场直播销售额达到 121 万美元。这些头部主播的出现激发了用户和其他商家的热情,在 8—9 月的返校季期间,TikTok美国用户共在直播间下了 630 多万个订单。

许多抖音上的中国卖家以及已在东南亚 TikTok Shop 试水的卖家,都开始加入 TikTok 电商大军的行列。同时,为了增加平台上商品的供应量,TikTok 向中国的厂商开放了全托管模式,厂家只需要发货到 TikTok 的国内仓,后续营销、销售和售后等事宜都由 TikTok 负责。

出于合规等方面的原因,对于选择自运营模式的非美国商家,如 ACCU 店(中资美国企业店)和跨境店的入驻门槛都比美国本土店高。因此,相比美国本土店,中国商家普遍资金实力较强,店铺体量大,也更有内容营销经验,其中很

---

① MCN 机构致力于打造优质主播和达人,提供高质量的短视频和直播,为直播带货销售额的提升赋能。

多之前都做过抖音电商或来自亚马逊平台。TikTok Shop 美国增长最快的品牌包括中国的安克创新、泡泡玛特和科沃斯等。

TikTok Shop 进入美国 1 年时间,内容场 GMV 增幅 557%,短视频日均播放量和直播日均观众数都持续快速增长。内容电商创作者的数量增加了 10 倍之多,通过各种营销手段拉动销售的电商达人数量季度增长率在 70% 以上。2024 上半年,TikTok 美国市场日均 GMV 超过 2 000 万美元,但离年初设定的 4 500 万美元尚有一定距离。

5 政治风险

在印尼的禁令之前,TikTok 已遭遇除美国之外其他国家和地区的审查和下架,包括欧洲和日本。2020 年 6 月,印度以国家安全的理由永久封禁了包括 TikTok 在内的 59 款中国应用。在 TikTok 下架前,印度注册用户超过 2 亿个,MAU 超过 1.2 亿人,是当时 TikTok 最大的海外市场。

而在美国,封禁之剑仍然高悬在 TikTok 头上。2024 年 3 月,美国众议院提出了《保护美国人免受外国对手控制应用程序法案》,要求字节跳动在 2025 年 1 月 19 日前出售 TikTok,且持股不得超过 20%,否则苹果等应用程序商店和互联网服务提供商将下架 TikTok。

2024 年 5 月,TikTok 起诉该法案违背了美国宪法对言论自由和个人自由的承诺。美东时间 9 月 16 日,该诉讼在美国哥伦比亚特区联邦巡回上诉法院开庭审理;9 月 19 日,该诉讼第二次开庭。TikTok 和美国司法部都要求法院在 12 月 6 日前做出裁决。

2025 年 1 月 17 日,美国最高法院裁定,支持 TikTok"不卖就禁"法案。按照禁令,TikTok 下架后,美国企业不能再向 TikTok 提供服务,否则将面临最高 8 500 亿美元的罚款(以每个用户 5 000 美元计算,TikTok 在美国有 1.7 亿名用户),包括谷歌、苹果和甲骨文在内的 TikTok 在美的主要服务商企业都将停止对 TikTok 的服务。1 月 19 日,在禁令正式生效前,TikTok 关闭了美国业务,但 12 个小时后,TikTok 重新上线。即将上任新一届美国总统的特朗普向 TikTok 服务商承诺,继续对 TikTok 提供服务将不会被罚款。

2025 年 1 月 20 日,特朗普就职。他上任后签署了一项行政命令,要求"不卖就禁"推迟 75 天实施,给时间让 TikTok 找到美国买家成立合资企业,他要求未来买家和 TikTok 各持股 50%。TikTok 母公司字节跳动目前的股权架构:张一鸣持股 20%,员工持股 20%,美国投资机构持股 60%。

截止到 2 月 10 日,苹果和谷歌应用商店仍不能下载 TikTok。美国用户可在 TikTok 官网下载软件包。TikTok 的未来将何去何从?

启发思考题

(1) 为了达成 2024 年初设定的美区电商业务目标,TikTok 还可以采取哪些措施?

(2) 短视频电商平台出海需要特别规避和注意哪些方面的风险?

参考资料

[1] 白鲸出海. 今日头条在海外收购的 Flipagram 究竟是家什么公司?[EB/OL].(2017-02-03)[2024-08-02]. https://mp. weixin. qq. com/s/7x0fLTizj5vFIgn3Soj5aw.

[2] 城市特搜. TikTok 是如何实现成功出海[EB/OL].(2023-03-18)[2024-08-02]. https://mp. weixin. qq. com/s/r3bz1eO-KqGg0dSvPdSjtg.

[3] 何昕晔,陆彦君. TikTok 会如何收场 | TikTok 命运追踪系列①[EB/OL].(2025-01-22)[2025-01-27]. https://mp. weixin. qq. com/s/ixTB_Og34GIWqTiUjjr0Qw.

[4] 耳东. TikTok 入美一周年:目标难实现,直播电商仍是突破口[EB/OL].(2023-09-05)[2024-08-02]. https://mp. weixin. qq. com/s/Ordeyyv2U2Ep1hCwGZy4iw.

[5] 樊朔."不卖就禁"倒计时,TikTok 再战美国政府[EB/OL].(2023-09-21)[2024-08-02]. https://mp. weixin. qq. com/s/NRB05uamrnU4NGO692LtRg.

[6] 国信证券. 电商深度研究系列四:TikTokShop 美区出海正当时[R/OL].(2024-01-28)[2024-08-02]. https://max. book118. com/html/2024/0130/5222144210011101. shtm.

[7] 华尔街见闻. 暴利多销?TikTok 在美国复刻抖音的路[EB/OL].(2024-03-04)[2024-08-02]. https://baijiahao. baidu. com/s? id=1792587766550731679&wfr=spider&for=pc.

[8] 煎饼控股集团. Tik Tok 的出海之旅[EB/OL].(2020-08-04)[2024-08-02]. https://mp. weixin. qq. com/s/CAU4liZIUbJX39SvSJJE_w.

[9] 阑夕. TikTok 绝境翻盘,出海企业又上一课[EB/OL].(2023-12-14)[2024-08-02]. https://mp. weixin. qq. com/s/YB9vnB9EUJnYzMf8HXdf9A.

[10] 谢九. 三联生活周刊. TikTok 关停又复活,未来命运到底会如何?[EB/OL].(2025-01-20)[2025-01-27]. https://mp. weixin. qq. com/s/21N-d-TdkJ6zJ97DnW43Ng.

[11] 李昆昆,李正豪. 字节跳动布局海外研发 TikTok Shop 规则细化目标提升[EB/OL].

(2024 - 01 - 19)[2024 - 08 - 02]. https://baijiahao. baidu. com/s? id = 17885022556025 07523&wfr = spider&for = pc.

[12] 钱童心. 事关 TikTok! 马斯克首次"摊牌"! [EB/OL]. (2025 - 02 - 09)[2025 - 02 - 10]. https://mp. weixin. qq. com/s/8X4mfovjZign7aHaEAJk9g.

[13] 商隐社. 16 亿人在用的 TikTok, 为什么超越不了 10 亿人用的抖音? [EB/OL]. (2023 - 08 - 10)[2024 - 08 - 02]. https://www. sohu. com/a/710449427_116132.

[14] 斯托克尔-沃克. 3 年火遍全球, 抖音海外版 TikTok 做对了什么[EB/OL]. (2023 - 08 - 03)[2024 - 08 - 02]. https://mp. weixin. qq. com/s/2PeWK7wWFOSAB9u-GKP9g.

[15] 太平洋证券. TikTok 系列报告之———复盘五年成长之路:路漫漫, 不可挡[R/OL]. (2022 - 02 - 12)[2024 - 08 - 02]. https://www. 163. com/dy/article/H06DKO100552B Z8U. html.

[16] 吴清. TikTok 出海记[EB/OL]. (2020 - 07 - 30)[2024 - 08 - 02]. https://baijiahao. baidu. com/s? id = 1739732562515313332&wfr = spider&for = pc.

[17] 霞光社,郭照川. TikTok 北美电商,变量中崛起[EB/OL]. (2024 - 01 - 29)[2024 - 08 - 02]. https://baijiahao. baidu. com/s? id = 1789412787703132504&wfr = spider&for = pc.

[18] 央视财经. TikTok 恢复在美服务[EB/OL]. (2025 - 01 - 20)[2025 - 01 - 27]. https://mp. weixin. qq. com/s/KdPitHZ_nKBjnGxSkaaX7g.

[19] 原力出海研究社. TikTok Shop:重塑跨境电商格局, 释放内容电商潜力[EB/OL]. (2023 - 09 - 09)[2024 - 08 - 02]. https://mp. weixin. qq. com/s/btGD3qxxwrkSF4AL VDH_5A.

[20] Z Finance. TikTok 绕道应用商店,允许美国安卓用户通过网站下载应用[EB/OL]. (2025 - 02 - 10)[2025 - 02 - 11]. https://mp. weixin. qq. com/s/qM9X8J - nrclZjgljj4A 89w.

[21] 张泽一. 尽管 TikTok 面临封杀,但美国风投觉得字节的估值还能翻五倍[EB/OL]. (2023 - 09 - 19)[2024 - 08 - 02]. https://news. qq. com/rain/a/20240919A08F1X00.

[22] 招商证券. TikTok 电商:流量为王,引领内容电商出海大时代[R/OL]. (2024 - 02 - 21) [2024 - 08 - 02]. https://www. sohu. com/a/758736536_407401.

[23] 周昕怡. 月入万刀,60 万美区 TikTok 达人造富内幕[EB/OL]. (2024 - 04 - 08)[2024 - 08 - 02]. https://mp. weixin. qq. com/s/XEUdqTBNC_HeK8BHiq85Cg.

[24] 周月明. TikTok 开始找退路了? [EB/OL]. (2024 - 06 - 15)[2024 - 08 - 02]. https:// www. 163. com/dy/article/J4N7FUMS051188EA. html.

[25] Zoey. TikTok 被美封杀背后:中国企业的出海困境[EB/OL]. (2024 - 03 - 16)[2024 - 08 - 02]. https://mp. weixin. qq. com/s/LStUxv0blSWubYnntniIuA.

小微跨境电商 M 公司与四类
利益相关者的冲突[①]

0 引言

　　互联网技术的飞速发展,催生出跨境电商这一新兴行业。跨境电商突破了传统贸易的局限性,不仅缩短了贸易链条,也极大地降低了中小微外贸企业在运营、物流、市场准入等多方面的成本。跨境电商平台企业利用互联网平台的信息和技术优势,赋能中小微企业出海。小微企业无须投入大量资金自建复杂的物流和支付体系,可直接通过入驻跨境电商平台开展跨境零售业务,触达全球消费者。这些平台为小微企业提供了便捷的入驻通道和丰富的营销工具,小微企业只需在平台上注册账号、上传产品信息并设置价格等,即可参与国际贸易。平台提供了支付、物流、客服等一站式服务,大大降低了小微企业的入驻门槛,让跨境贸易变得更加便捷和高效。

　　目前出海方式有两种:第三方平台模式和独立站模式。独立站模式需要企业自建网站,流量获取难度大,技术要求高,投资周期长,同时还面临物流和售后方面的挑战。因此,大部分跨境电商卖家都会选择在跨境电商平台上开展自己的业务。对小微企业来说,入驻第三方平台是低成本创业的最佳选择。而在目前众多跨境电商平台中,亚马逊平台的市占率稳居榜首,是中国卖家们的首

① 本案例由上海交通大学安泰经济与管理学院陈景秋、刘莹撰写。在写作过程中得到了案例企业的支持,并参考了现有公开信息及企业授权资料。该案例的目的是用来做课堂讨论的题材而非说明案例所述公司管理是否有效。

选。本案例中的 M 公司是入驻美国亚马逊平台的中国小微企业卖家,通过亚马逊平台经营线上零售业务。

1 背景概述

1.1 M 公司的发展历程

M 公司成立于 2016 年 9 月,初始注册资本为 10 万元人民币,2021 年增资调整,提升至 100 万元人民币。M 公司员工仅 6 人,是一家专门从事出口跨境电商零售业务的小微企业。M 公司最初成立于深圳市宝安区,后随着业务规模的扩大,需要租赁更大面积的办公场所,经历过 2 次搬迁,目前位于深圳市坪山区。M 公司的创始人 L 女士于 2012 年 3 月进入跨境电商行业,供职于某跨境电商创业公司,从事过英语翻译、产品文案撰写和亚马逊运营的工作。2012年正是美国亚马逊平台向中国第三方卖家开发入驻的第一年。凭着 4 年多的行业经验,L 女士通过借鉴前公司的业务模式创办了 M 公司。而与老东家多平台、多品类、多渠道铺货的运营方式有所不同,L 女士最初仅专注于经营亚马逊平台单一细分品类的业务。在创立之初,团队尚未搭建,L 女士仅在亚马逊美国站注册了 1 个专业卖家账户,从厨房品类入手,销售开盖器、清洁刷、榨汁机等厨房小工具,并注册了美国商标。M 公司自创立初期起就采用了亚马逊的 FBA 服务,订单履约部分全部由亚马逊负责,L 女士只负责选品和卖家账户运营的工作。随着订单量的快速增长,L 女士开始招聘运营助理和产品开发员。2018 年,由于单品类增长出现瓶颈,产品开发员的选品偏好与创始人也有所不同,M 公司逐渐新增了庭院品类,并开通了亚马逊欧洲站。2021 年,M 公司的品类已经拓展到厨房用品、庭院用品、办公室用品和宠物用品这四大类目,目标市场已拓展至美国、加拿大、英国、澳洲。2023 年,M 公司总销售额达 300万美元,折合人民币 2 148 万元。

1.2 M 公司的产品与业务

M 公司的主营业务是在美国亚马逊平台经营家居厨房用品、庭院用品、办公室用品和宠物用品四大品类,并在所销售的各个细分品类和 4 个国家都注册了海外商标。尽管目标市场包括美国、加拿大、英国和澳洲,但 95% 以上的销售额仍来自美国市场。M 公司的产品分为标品和非标品。标品是指标准化或规格化的产品,有明确的规格、型号,M 公司可以直接从供应商处采购,一般采取低价策略。而非标品则没有统一的衡量标准,产品相对个性化,溢价较高。M 公司销售的非标品是 M 公司内部设计与开发的新品,需要找供应商打样,确认后再批量生产。然而,随着消费者需求的变化,标品与非标品的区分变得越来越模糊。目前 M 公司所销售的厨房类目和宠物类目的产品都是标品,SKU 数量仅占 M 公司所有产品的 25%,而庭院类目和办公室类目所销售的商品都属于非标品,占比高达 75%。对于标品,M 公司采取的是低价策略,通过薄利多销占据市场份额和稳定销量排名;对于非标品,M 公司采取的是快速上架和测款,通过产品的微创新和差异化来获取较高的利润。M 公司细分品类市场现状示例如表 1 所示。目前这几个类目的市场垄断程度都比较高,除了庭院标识牌的新品仍有较大机会,其他类目的新品机会都比较少。宠物类目下的猫砂盆基本被亚马逊自营垄断,而其他 3 个细分品类的第三方卖家占比都高达 90% 以上。由于大部分卖家都会使用亚马逊的 FBA 服务,因此,这 3 个第三方卖家占比较高的品类,FBA 占比也高达 85%～90%。

表 1　M 公司四大细分品类市场现状示例

细分品类	市场垄断度	新品机会	退货率	消费者满意度	第三方卖家销量占比	FBA 占比
开盖器	高	很少	较低	一般	91.76%	90.52%
办公室标识牌	较高	很少	较低	满意	95.69%	89.05%
庭院标识牌	较高	较大	一般	满意	92.27%	85.51%
猫砂盆	高	很少	较低	一般	28.45%	19.72%

数据来源:M 公司内部资料。

近两年来,庭院类目和办公室类目的增长较快,是 M 公司目前重点关注的品类。M 公司 2023 年各类目销量占比情况如图 1 所示,庭院类目销量占比最大,占总销量的 37.93%,办公室类目次之。但由于庭院类目属于非标品,需要通过大量 SKU 去测款,且新品机会较大,因此,SKU 数量占比较高,达到总 SKU 数量的 46.54%。目前 M 公司主要经营的庭院装饰牌和办公室标识牌这两大细分类目有以下几个共同的特点:消费者满意度较高,第三方卖家销量和 FBA 占比较高,可做差异化设计,大多数产品的客单价在 25 美元以下。

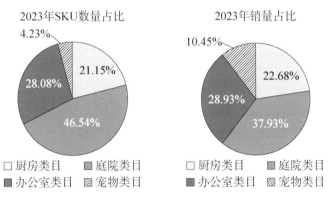

2023年SKU数量占比　　　　　2023年销量占比

图 1　2023 年 M 公司各品类 SKU 数量与销量占比

数据来源:M 公司内部资料。

1.3　M 公司的商业模式

由于所有商品是亚马逊 FBA 配送,M 公司的核心工作主要是产品开发和卖家账户运营。产品开发工作主要是对目标品类的市场销售数据进行分析,开发有市场机会和盈利可能性的产品。而账户运营工作主要是将开发的新品上架,并负责产品推广和销售,以及管理和维护账户绩效。除此之外,账户运营人员还需要根据产品的历史销量数据和促销计划,同时考虑产品采购周期和物流时效来制定库存补充计划,将库存保持在合理的区间范围内,尽可能避免出现商品断货或者滞销的情况。以开盖器零售业务为例,M 公司的商业模式如图 2 所示。

图 2 展示了 M 公司主要的利益相关者是亚马逊平台、供应商、国际货运代理以及 M 公司内部员工。与亚马逊平台的关系是 M 公司作为品牌商家入驻,满足平台顾客多样化的需求,而 M 公司从亚马逊平台获取流量和客户,并产生交易。M 公司通过建立与供应商的长期合作关系,来提供高性价比的产品和

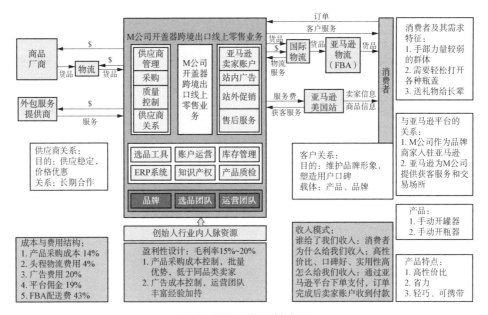

图2　M公司商业模式图

资料来源：M公司内部资料。

稳定的供应。M公司作为使用亚马逊 FBA 服务的卖家，需要通过国际货运代理把货物提前发到亚马逊的海外仓库。该商业模式能够顺利运作，离不开 M公司内部团队的协调与合作。M 公司主要的利益相关者结构图如图 3 所示。妥善管理并处理好与这四类利益相关者之间的冲突，是 M 公司日常运营中至关重要的一环。

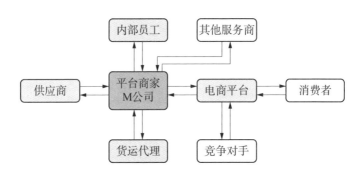

图3　M公司主要利益相关者结构图

资料来源：M公司内部资料。

2 与亚马逊平台的冲突：热销品遭遇恶意投诉被下架

有一次，M 公司在亚马逊美国站的一款热销品办公室标识牌突然被下架，同时收到了一封来自亚马逊绩效团队的英文邮件。这封邮件指出，有一位卖家投诉该产品侵犯了其版权，因此这个商品详情页面被亚马逊绩效团队移除了。邮件中提到，若 M 公司想要恢复该产品的销售，必须至少向亚马逊账户绩效团队提供以下两种材料之一：产品真实性证明，其中包括但不限于该产品的采购发票、真实订单号、产品真实拍摄的照片、商标注册信息、授权书等；投诉方撤回投诉的邮件。这封邮件底部有一个投诉人的联系方式：xx@outlook.com。除此之外，没有其他任何该投诉方的信息。

M 公司的负责人 L 女士第一时间给投诉方发了封英文邮件，在邮件中询问对方能否告知具体侵犯的版权号，另外对可能存在的侵权行为表示了道歉。然而，几天过去了，L 女士并未收到该投诉人的任何回复。于是，L 女士只好发英文邮件去询问亚马逊账户绩效团队，而该团队也未告知具体的版权号。接下来几天，L 女士又连续给该投诉人发了几封中英双语的邮件，均未收到回复。

由于联系对方未果，L 女士便开始向亚马逊平台申诉，请求恢复该产品的销售。L 女士在英文申诉邮件中提供了产品的采购发票、真实拍摄的图片以及商标注册证书等一系列证据资料，然而亚马逊的账户绩效团队却一直是模板式回复，要求 M 公司提供产品真实性证明和授权书。L 女士在申诉信中提到，该产品使用的是 M 公司的自有商标，并且产品由 M 公司自主设计，商品详情页面的所有产品图片都是 M 公司找产品摄影师付费拍摄的，产品文案也是 M 公司员工写的。在申诉信中，L 女士也强调了 M 公司是亚马逊平台上最先销售该产品的卖家，并提供了最早的订单日期。然而，收到的仍然是与上次一样的模板式回复。

在经历了一次次被驳回的申诉后，L 女士感到有些绝望。在此之前，L 女士曾在亚马逊卖家群里了解过同行们遇到产品被投诉侵权的情况，绝大多数最终都放弃申诉了。L 女士通过卖家朋友推荐，找到一位专业做跨境电商平台申诉的服务商，却得到了对方这样的回复："做亚马逊，救账户还相对容易点，救产品难啊。"L 女士这才知道，专业做申诉的服务商都只接申诉账号的案子，不提供申诉产品链接的服务。通过这次咨询，L女士还得到该服务商的一句忠告：你这个账户要小心了，半年内若再有类似的侵权投诉，就有被封号的风险。L女士开始有点担心和焦虑，于是又咨询了一位国内的律师朋友，计划如果万一产品申诉不回来，账户还被封了，得寻找专业的法律顾问来协助应对。

虽然感到非常气愤又无奈，L女士还是不愿意放弃对该产品的申诉，如果最后证明该产品确实侵权了，放弃销售或者给予对方赔偿都无怨无悔，而当下完全不知道是不是真的侵权。眼看着半个多月过去了，该热销品原有的销售排名已经一落千丈，申诉一次次被平台驳回，投诉方依然没有任何回复，L女士开始怀疑这是一起恶意投诉，觉得这个产品可能实际并未侵权。于是，她改变了申诉的思路，在申诉邮件中指出该投诉是一起恶性竞争导致的恶意投诉，并再次附上之前所提供的证明。结果，这次亚马逊绩效团队不再是机械式回复了，尽管依然要求M公司提供该产品的真实性证明，但除此之外，还要求M公司提供一个行动计划。L女士这时看到了希望。亚马逊绩效团队在这封邮件中提到，该行动计划需要包含以下内容：为确保自己不再侵权已经采取的措施；未来如何避免侵权；任何其他相关信息。L女士认为事件已经出现了转机，再次重写申诉邮件，除了提供产品真实性证明文件之外，还按照亚马逊的要求，提供了非常详细的行动计划。然而，申诉依然未通过。L女士咨询了知识产权相关的律师，得知美国版权是注册登记制度，对作品进行注册才能提起版权侵权诉讼。在经历过那么多次申诉失败之后，L女士想到了最后一个办法：自己也注册版权！于是，L女士委托原来的商标注册代理商，再次代理M公司为该产品注册美国版权，最后得到了一个版权注册的回执。拿到这个版权申请回执号之后，L女士再次向平台申诉，这一次，申诉邮件的语气变得比之前强硬了，不仅指出这是属于竞争对手的恶意投诉，还强调了如果仍然无法恢复链接，将聘请专业律师来协助处理，以捍卫自身的合法权益，再附上之前所有的证明文件。这一次，申诉居然通过了！历经29天，累计48封申诉邮件，提供了所有证据和申诉资料，最后该产品终于恢复了销售。

通过这次被投诉和申诉的经历，M公司也了解到，平台会有误判的情况。尤其是对于知识产权类的投诉，为了避免纠纷和保护消费者权益，亚马逊都是先下架产品。通常投诉方需要有一份知识产权相关的证书，才可能投诉成功。然而，如果没有具体的专利或版权注册号，检索和排查过程则极为烦琐，在不确定是否真实侵权，只是存疑的情况下，亚马逊也会做出下架产品链接的行为，然后让卖家去申诉。在本案中,投诉方可能只有申请版权的回执,这种情况是无法检索到版权相关信息的。最终,M 公司的这个版权申请被美国版权局驳回了,说明产品设计本身并不具备足够的创新性,证实了这是一起不正当竞争行为引发的恶意投诉事件。

3 与供应商之间的冲突:资源依赖引起的"杀熟"

该热销品恢复上架后,M 公司的产品开发员 A 先生凭借其丰富的运营经验,使得该产品的销量逐渐恢复。为了保证该产品持续稳定的供应,M 公司与某供应商 P 公司签订了长期的采购合同。在合作初期,P 公司严格按照合同约定的规格、材质、工艺要求进行生产,产品质量稳定可靠,满足了 M 公司对该产品的质量要求,双方合作关系融洽。随着该产品销量稳定增长,M 公司向供应商 P 公司采购的产品数量也大幅增加。由于 M 公司对产品质量要求较高,对不合格的次品都退回给供应商,供应商因此尝试过与 M 公司进行价格谈判,想要提高产品采购单价,M 公司没有让步,但承诺以后尽量减少次品退货。

几个月之后,M 公司的仓库管理员 C 先生有一次在产品装箱过程中发现,虽然单个产品外观看起来无明显变化,但装箱后的总重量变轻了很多。C 先生将单个产品拿去称重,发现确实比之前采购的产品更轻了。C 先生将这个情况反馈给了 M 公司负责采购事宜的 A 先生。与此同时,负责亚马逊账户运营的 B 先生也反馈,近期该产品的详情页面出现了一些新的差评,如产品易变形、不耐用等。A 先生将 P 公司最新供应的产品与几个月前采购的样品进行了对比,结果发现,产品确实变得更薄、更轻了。

A 先生与 P 公司客户经理就此问题进行了交涉,向其反馈了顾客的差评,并告知,如果持续出现此类问题,将会导致销量和排名下滑,最终将不得不减少订货量。供应商 P 公司的客户经理最初否认更改了原材料的厚度,说这就是原材料厂商提供的材料,并非自己刻意更换。A 先生认为,既然产品做得更薄了,采购单价理应降低;如果采购单价不变,就应按照原来的标准生产。而 P 公司客户经理表示,原材料供应有很多不可控因素,非 P 公司所能决定。经过一番争执,双方最终达成了协议,P 公司承诺未来供货尽可能按照 M 公司要求的标准,对原材料加强质检,并定期评估。

该供应商 P 公司并非特例。M 公司在办公室类目的产品所合作的另一个供应商也同样有此类行为。由于 M 公司产品多样化，SKU 数量较多，在创建货件把货物发到海外 FBA 仓库时，有很大一部分采取的是混合装箱的方式，因此，某款产品重量的轻微变化不易被察觉。尤其是在产品外观上也看不出与之前的批次有明显差异的情况下，即使供应商将部分产品稍微改薄，也不容易被发现。当产品销量上涨时，需要对该产品大量备货，装箱方式也由混装改为单独装箱，每箱都是单个 SKU 且产品数量固定，在这种情况下，该产品整体重量的变化就暴露出来了。如果在不影响产品质量和耐用性的情况下，这种重量的减少对 M 公司本身反而是有好处的，可以减少物流费用。然而，随着产品负面评论的增加，M 公司才意识到这种改变已经影响到了产品的使用体验，需要及时与供应商沟通，让对方也重视起这个问题。

4 与货代之间的冲突：货件延迟送达争议

2024 年 3 月 1 日起，亚马逊陆续新增了入库配置服务费、入库缺陷费和低库存费，增加了 M 公司的运营成本，对货代也提出了新的挑战。2024 年 4 月 3 日，M 公司创建了一个货件，为了免除入库配置服务费，选择分成 5 个不同的仓库地址，通过货代 Q 公司寄出。考虑到货件内各个 SKU 数量的备货时效需求有所不同，也为了尽可能节省成本，这 5 票货里有 3 个仓的货物 M 公司选择了快船，另外 2 票货物选择了慢船。一般而言，两种运输方式的时效间隔大概为 10 天。5 月 6 日，发快船的 3 票货物已顺利到达了美国亚马逊仓库，然而，原计划预计最迟要在 5 月 16 日之前送达的另外 2 个仓的货物一直迟迟未送达。直到 6 月 10 日，Q 公司才通知这 2 个仓的货物刚被送达到亚马逊仓库了。M 公司的运营人员发现晚送达的 2 票货物已经被标记为"已删除和已丢弃的货件"，并被亚马逊收取了 17.28 美元的入库缺陷费。

7 月 25 日，M 公司亚马逊运营 B 先生发现这 5 票货物被亚马逊扣除 687.39 美元，相当于按照实际只接收了 3 个仓的货物来计算入库配置服务费。B 先生非常气愤，当初为了免除入库配置服务费，选择了发 5 个仓，增加了不少工作量，但现在不仅没省下这笔钱，还产生了更多的额外支出。由于这 2 票货物延迟送达，部分商品还产生了低库存费，还有个别商品已经出现了断货。

B 先生向 M 公司负责人 L 女士反馈了这一情况,并认为 Q 公司应承担部分 M 公司额外支付的费用。而 Q 公司负责人则认为货物延迟送达有很多不可控因素,这 2 票刚好遇到查验,因此有所延误,如果要求一个货件里所有货物送达时间间隔在 30 天以内,建议美东仓、偏远仓发快船,美西仓发普船,以尽可能缩短 5 票货物的送达间隔时间。而 M 公司负责人 L 女士认为,即使考虑被查验的因素,一般也不会延误长达 1 个月,这个时效远远超过了 Q 公司当初承诺的送达时效,并因此给 M 公司带来了一笔不小的额外支出,至少应共同承担这些费用的一部分。在经过多次沟通之后,货运代理 Q 公司仍然拒绝承担这部分费用,但承诺后续给 M 公司提供少许物流费用折扣。M 公司最终接受了该货运代理的补偿建议,但开始把部分货物分给其他货代出货,以减少物流风险。

5　与员工之间的冲突:公司产品链接被跟卖

M 公司的总负责人 L 女士晚上有浏览本公司在亚马逊前台的商品详情页面和登录亚马逊账户后台的习惯,以及时应对各种意外情况。一天晚上,L 女士在浏览 M 公司的亚马逊前台商品详情页面时,突然注意到一款热销新品的详情页面出现了一个跟卖者,并且以低 1 美金的价格抢到了黄金购物车。L 女士首先感到很生气,随后又有点疑惑,因为该新品是 M 公司自己设计、找某个供应商定制的非标商品,目前在市场上还没有外观完全一致的产品。更何况 M 公司所有商品详情页面都使用自己注册的海外商标。

L 女士左思右想,不明白为什么会有人跟卖这个产品链接,难道市场上其他人也有这个产品的货源?但即使有共同的货源,该产品有做贴牌生产,跟卖者也不能销售带有 M 公司商标的产品。按照亚马逊的规则,应当获得品牌方的授权才能具有跟卖资格,否则也属于侵权行为。当天晚上,L 女士把跟卖信息截图保存下来,以免后续找不到证据。果然不出 L 女士所料,第二天一大早,这位跟卖者已经消失了。作为多年的亚马逊卖家,L 女士已经不是第一次遇到这种白天消失、晚上跟卖的竞争对手,这大概率是国内卖家,利用中国卖家晚上休息的时间来偷偷攫取流量,获得订单。

L 女士尝试联系该产品的供货商,刚开始该供应商支支吾吾不肯说,在 L

女士锲而不舍的追问之下，为了能继续保持合作，该供应商道出了事件原委。原来，一位曾在 M 公司短暂就职的运营助理 F 先生之前在 M 公司就职的时候就已经与这位供应商取得了联系。离职后，他仍在找这位供应商采购这款商品。L 女士这下全明白了。随后，L 女士联系到这位 F 先生，让其停止跟卖，否则就向平台投诉他侵犯 M 公司的商标权。F 先生没想到晚上跟卖也被发现了，向 L 女士表示后续不会再跟卖。但几天之后，L 女士发现又有一个新的卖家账户在跟卖该产品，同样采取白天跟卖、晚上撤的行为。M 公司亚马逊运营 B 先生发现这款产品的销量开始下滑，排名也下降了。L 女士这次截图留存证据后，直接向平台投诉该卖家的侵权行为。最后，这位 F 先生收到了账户被封的通知，联系 L 女士，表明以后不会再跟卖了，请求 L 女士撤销投诉邮件，让亚马逊恢复其账号。L 女士拒绝了此要求，F 先生便威胁说会给 M 公司的产品刷差评。尽管有些担忧，L 女士最后还是选择了不撤诉。

6　尾声

作为一家小微跨境电商企业，随着市场竞争的日益加剧，M 公司的利润空间被挤压，需要在新的市场环境中，继续寻找生存空间。与此同时，还需要处理好与各类利益相关者之间的关系。由于存在利益冲突，以及信息不对称带来的信任危机，与各利益相关者之间的对抗与摩擦不可避免。如何应对与利益相关者之间的冲突问题，是企业面临的重要课题。

启发思考题

（1）M 公司与这四类利益相关者之间冲突产生的根本原因是什么？

（2）若不对这些冲突进行管理，对 M 公司会产生哪些影响？

（3）这些冲突在行业中是否具有普遍性？作为企业管理者，该如何应对这些冲突带来的挑战？

拆解安克：百亿元跨境电商的成长①

0 引言

2024 年 8 月，特朗普与特斯拉 CEO 马斯克在社交平台进行了一场直播对话。在直播过程中，特朗普拿出一个充电宝给手机充电。这款中国制造的充电宝迅速在国内社交平台走红，并上了热搜。这款充电宝正是来自安克创新科技（Anker Innovation，简称"安克"）的 Anker MagGo。

事实上，早在 2013 年，安克就已是亚马逊平台最大的 3C 配件品牌。安克目前拥有全球 140 多个国家和地区的超过 1 亿名用户。据公司最新发布的 2024 年半年报，营业总收入高达 96.48 亿元，同比增长 36.55%；归属母公司的净利润为 8.72 亿元，同比增长 6.36%；毛利率为 45.18%，同比上升 2 个百分点。安克超过 96% 的营收都来自海外市场，其中，北美市场营收 46.27 亿元，增长率为 40.68%；欧洲市场营收 20.53 亿元，增长率为 44.60%；日本市场营收接近 12.93 亿元，增长率为 21.50%。中国市场营收占比仅为 3.91%，反映出安克主要面向海外市场的定位，也解释了为什么国内消费者对其并不非常熟悉。

---

① 本案例由上海交通大学安泰经济与管理学院案例研究与开发中心张菱（兼职）撰写。在写作过程中参考了现有公开信息。该案例的目的是用来做课堂讨论的题材而非说明案例所述公司管理是否有效。

从产品大类看,充电储能类产品①营收 49.75 亿元,占总营收的 51.56%,同比增长 42.81%;智能创新类产品②收入 23.60 亿元,智能影音类产品③收入 23.09 亿元,分别同比增长 35.33%和 30.84%。

从销售渠道看,亚马逊平台营收 50.42 亿元,占总营收的半壁江山,同比增长 27.71%;独立站实现营收 9.25 亿元,同比增长 102.85%;除亚马逊外的第三方平台合计实现收入 7.63 亿元,同比增长 67.36%。独立站和其他第三方平台的增长势头体现出安克摆脱对单一平台依赖的努力。

1 初创

安克创始人阳萌从北大计算机系毕业后,进入美国得克萨斯大学奥斯汀分校攻读计算机科学硕士学位。毕业后,阳萌加入谷歌,成为高级软件工程师。2011 年,阳萌创立了湖南海翼电子商务有限公司(安克的前身)并在美国注册了全球品牌 Anker,一众谷歌同事组成创始团队。当时正值亚马逊在美国崛起,创始团队因此选择亚马逊作为主要销售渠道。

阳萌发现,笔记本电脑电池一般每半年到 2 年需要更换 1 次,当时原厂电池在亚马逊的价格基本在七八十美元,星级平均在 4.5 星;国产的杂牌电池价格在十几、二十美元,但星级平均只有 3.5 星。公司由此发现了一个市场空白,并决定做一款价格在三四十美元但星级要达到 4.5 星的笔记本电池来填补这个空白。

阳萌在创业前花了 2 个多月时间写了个程序,让算法帮助销售。创始团队非常用心地设计各个环节,例如,把产品售后卡做成"Happy 卡",被市场认为是一个有创意的营销举措。通过亚马逊,Anker 产品进入了美国、英国、德国、法国和意大利等欧美市场,当年实现月销售额过百万美元。

---

① 主要包括安克品牌数码充电设备和相关配件,以及安克 SOLIX 系列的家用光伏和储能产品等。
② 主要包括悠飞(eufy)智能家居及 AnkerMake 3D 打印等产品系列。
③ 主要包括声阔(soundcore)品牌的无线蓝牙耳机、无线蓝牙音箱等系列产品,安克星云(Nebula)品牌的激光智能投影系列产品,以及 AnkerWork 品牌的无线蓝牙麦克风和会议摄像头等系列产品。

2 VOC 洞察

为了优化产品，安克建立了 VOC（voice of customer）消费者洞察系统，通过人工收集和软件抓取获取来自公域和私域的天量用户评价，包括亚马逊平台上的买家评论、售后邮件和电话，以及各种用户测试和问卷调查等，并进行深度分析解读，以深入洞察用户的真实想法、需求及消费痛点，然后对从产品设计、测试到体验等各个环节进行优化。

当时，手机用户的一大痛点是：由于苹果手机与安卓手机充电器不兼容，给消费者带来了诸多不便。2013 年，安克推出自主研发的 PowerIQ 技术①，在充电器中加入一个芯片，充电时充电器能识别和兼容不同款手机，并根据各款设备调整输出电流，从而同时满足充电速度和稳定性。

2015 年，安克通过 VOC 洞察发现，无论是原厂品牌还是第三方的充电线都存在一个痛点：充电线的线芯较为脆弱，很容易断裂。安克决定做一款足够结实的充电线来解决这个问题。安克的研发人员试验了上百种材料，最后找到了一种用于防弹衣的纤维，其抗弯折和抗拉能力都非常强。安克将这种纤维作为充电线芯开发出 Powerline 充电线，性能比市场上的其他同类产品高出几十倍，能经得起上万次的弯折。

3 研发

PowerIQ 技术和新材料充电线都是安克基于消费者洞察研发的结果。星级评价对亚马逊平台的卖家至关重要，一些卖家可能会通过操纵评价的方式在短期内提高星级，而安克产品的星级则是以研发时长支撑起来的。由于经验不足，2018 年悠飞品牌第一代智能摄像头刚上市时评价只有 3.8 星。负责该业务的团队天天加班加点，一条一条地查看用户的负面评价并进行改进优化。坚持了大半年，累计研发时长几千小时，评价星级终于提升到 4.6 星，而且，这个

---

① 目前 PowerIQ 技术已发展到 4.0 版本，已能为电脑提供快充。

过程打造了团队系统化改进优化产品研发的能力,第二代智能摄像头上市后,评价星级很快达到了 4.7 星。

安克研发的作用不只是改进和优化,创新设计也是其重要的部分。以声阔耳机为例,耳机行业产品一般分为动圈耳机和动铁耳机两大类,动圈耳机能创造优秀的声场,动铁耳机的优势则在于对声音的还原度和解析度高。安克的研发团队大胆创新,希望把动圈和动铁的优势结合起来。在经过无数次材质尝试和结构调整后,研发团队创造出了同轴圈铁结构,既能带来出色的声场,又能精准还原声音细节。这一声阔耳机不仅被《福布斯》杂志称为"真无线耳机之王",更得到格莱美大师的背书认证。这款耳机卖出了几十万个,是当时千元人民币价格段的国产耳机在全球取得的最好销售业绩。

数据显示,2023 年安克投入研发的费用为 14.14 亿元,同比增长 30.86%,占营收的 8.08%,持续处于行业内较高水平。公司有 4 000 多名员工,其中 47.75% 是研发人员。安克的研发投入硕果累累,截至 2024 年 6 月 30 日,公司在全球共取得 214 项发明专利,965 项实用新型,723 项外观专利,并有多项知识产权正在申请中;公司的各项产品得到了不同重点国家权威机构的认可:美国 CES 设计创新大奖、日本 G-Mark 优良设计奖、德国的 IF 奖以及红点设计奖。

4 供应链

安克的供应链模式非常符合"微笑曲线"理论,专注于高附加价值的自主研发设计和自主品牌营销。安克的研发主要聚焦于产品设计和集成创新,不参与芯片等核心部件的深度研发。这一策略让安克得以保持轻资产,同时,研发的难度和风险可控,又能灵活应对消费电子行业的快速迭代及消费者喜好的变化。

由于将低附加价值的制造环节外包,安克的供应链需要有较大的柔性。安克开发了数字化供应链管理系统,能对从生产到物流再到库存等各环节进行动态预测和调整,对供应链的生产、成本和流程等各方面进行精准掌控。数据显示,2023 年安克存货周转率为 5.08,连续 4 年呈现上升趋势。

安克还参股了一些上游的电芯材料供应商,虽然参股比例不高,但形成了战略合作伙伴关系;同时,参股的供应商数量较多,以在芯片市场供应不稳定时分散风险。这一举措既能确保核心零部件的供给，又能降低供应链成本。

5 "双轨"模式

安克的全球化战略主要采取了平台＋独立站的"双轨"模式。在发展前期，亚马逊平台庞大的用户群体和成熟的物流基础设施，加上自身持续优化的产品和服务，有效地提升了安克的品牌知名度，助其将产品推广到全球市场，并为其全球销售提供了强大的物流配送支撑。

到 2021 年，安克已占到亚马逊同品类 30％的市场份额，接近天花板，同时，平台流量成本的上升和对单一渠道依赖的局限性日益明显。同年，亚马逊因"刷单"问题出现"封号门"事件，涉及上千家企业、5 万多个账号，预估损失超过千亿元。出于业务安全方面的考虑，安克开始大力发展独立站。

独立站在网站布局方面具有更大的自由度，安克可根据自身战略需求（包括销售策略、价格设置、客户关系和品牌形象等）进行调整；而在亚马逊平台上，这些方面会受到平台政策和规则的限制，尤其是客户关系方面。而且，独立站能提供更丰富的用户体验，安克可根据自己的设计提供独有的购物体验；而在亚马逊平台上，用户体验是整个平台的，商家难以有所作为。通过独立站点，安克不仅能提供更为个性化的服务，还能直接收集消费者反馈和数据。

6 私域营销

早在 2012 年，安克就开始通过海外关键意见领袖（key opinion leader，KOL）引流，创造私域流量。早期，安克主要是与论坛类 KOL 合作，论坛包括全球的许多电子和科技类论坛及安克官方的社区论坛，KOL 则主要是 3C 垂直领域的达人。安克免费寄送新产品给 KOL 们，邀请他们试用并撰写开箱测评和使用体验，在他们的博客和论坛发布。随着社交媒体的兴起，安克开始与海外各平台 3C 各垂直领域的头部 KOL 合作，向其粉丝"种草"，通过开箱、产品对比和专业性测评等视频，种草各垂直领域的不同粉丝群体，加速品牌在目标客群中的传播速度。近两年短视频迅猛发展，安克也在 TikTok 和 YouTube

上与多种类型的 KOL 合作，拍摄开箱测评等创意视频，根据不同 KOL 的类型进行差异化内容输出，让产品能触达更广泛的消费者群体。KOL 们的文字、图片和视频内容中都会包括产品的销售链接，当粉丝们通过这个链接购买产品时，KOL 们就能获得提成。曾有媒体调研了 59 位海外电子及数码爱好者 KOL，他们为安克撰写的推荐文章月搜索量平均达到 3 万次，最高日流量达 130 万人次。

以前面提到的 Powerline 充电线为例，安克邀请 KOL 们进行测试，并告知产品的灵感来自防弹衣。其中一个 KOL 做了个很有创意的测试，他用了两辆车去拉这根线，结果充电线完好无损。这款充电线迅速成为爆品。之后，这个视频又传到欧洲和东南亚，引发了更多"病毒式"传播内容，有人用它去吊哑铃，也有人用它去荡秋千……社交媒体和短视频的叠加作用使得 KOL 的引流作用指数级放大。安克 2020 年推出的 Nano 20W 快充充电器，合作的 KOL 基本都是拥有百万级粉丝的网红，在♯ankernano 标签下，播放量接近 2 500 万次。

安克官网的流量主要来自搜索和直流，用户黏性也非常高，这主要归功于社区论坛的运营非常成功。论坛会发布各种能获得潜在客户和提高现有客户参与度的营销活动，包括各种比赛、赠品、新品测试、品牌联名活动和在亚马逊平台上的直播。赠品活动对获取新客户非常有效，而新品测试既能提高产品和品牌的影响力，又能通过反馈有助于优化产品。

安克也非常重视独立站的营销和用户社区运营。独立站邀请了许多头部 KOL 入驻，消费者在购买产品的过程中观看 KOL 的视频，有助于消除其对产品的疑虑，让购买体验变得更加舒心顺畅；用户社区板块定期发布活动推广、新品介绍和产品答疑等博客内容，用户也可在社区内分享自己使用产品的感受、体验和遇到的问题。

7 "浅海"战略

阳萌把消费电子市场比作大海，以品类市场的规模来区分"深海"和"浅海"，如市场规模在 5 000 亿美元的智能手机是深海区域，当年规模只有 400 亿美元的充电器处在浅海领域。安克选择品类有两大原则：一是处在"浅海"，但市场规模不能太小；二是产品处在生命周期的成长期，有发展空间。"浅海"战略的初衷是避开竞争激烈、巨头争霸的深海领域，探索那些非充分竞争但有成长潜力的市场。

安克原先的 3C 电子产品都属于"浅海"品类,这些品类门槛较低,研发周期较短,研发费用相对较低,有市场发展空间且盈利快,挑战在于,"浅海"不确定性更大,消费电子产品更新迭代非常快。尤其是当安克成长到一定阶段后,"浅海"市场的规模"天花板"显现,安克不得不寻找更多"浅海"品类,进行横向扩张,从充电产品、智能家居和家庭安防、无线音频、投影仪,到 3D 打印机和智能办公产品。一方面,多品牌多品类能分散风险,但也会分散资源,摊薄研发投入和营销费用;另一方面,随着技术的发展、竞争格局的改变以及中国创新创业企业的努力和奋斗,一些品类开始由"浅海"转向"红海",扫地机器人就是一个例子。

安克的智能扫地机品牌悠飞早期依靠在海外市场成熟的打法发展顺利,多个型号的市场份额在欧美、中东和日本等国跻身前三。目前美国消费者对悠飞扫地机吸力和清洁力功能的好评率仍在 63.8% 和 81.6%,高于 Shark 与 iRobot 等品牌。后来,随着国内几大扫地机器人品牌纷纷进入海外市场,加上悠飞在功能多样性和推出新品速度等方面都不及其他国产品牌,安克扫地机的名声远不及科沃斯、石头科技和云鲸等企业,这几家均聚焦于扫地机器人。2020 年,海外扫地机器人市场上,排名前六的企业合计市场份额为 89%,而悠飞不在其中。

数据显示,2021 年,以扫地机为主营业务的石头科技研发投入为 4.41 亿元,相比之下,安克 7.78 亿元的研发费用需要分摊到众多品牌和产品上,每个品牌和产品分到的资金有限,这无疑影响了安克的发展。2022 年,安克重新聚焦优势品类,砍掉了多个产品线,关闭了 10 个产品团队,包括手持清洁设备、割草机器人和电动自行车等。

在 2024 年 9 月召开的 2024 全球智慧物流峰会上,安克副总裁吴灼辉表示,安克内部希望未来能成为一家千亿元级公司。在此之前,国内跨境电商企业的佼佼者跨境通 2018 年营收为 215 亿元。基于上半年业绩,安克有望在 2024 年追上跨境通。而千亿元庞大的目标,安克又该如何实现?

启发思考题

(1) 请从长期可持续性角度分析安克的"浅海"战略并提出建议。

(2) 安克实现千亿元营收目标的机会和挑战有哪些?

参考资料

［1］安克创新. 安克创新科技股份有限公司 2024 年半年度报告全文［R/OL］.（2024 - 08）［2024 - 08 - 23］. http://www. szse. cn/disclosure/listed/bulletinDetail/index. html?4e22f422 - ce5d - 419c - 98c3 - 9706353553e4.

［2］安克创新. 安克创新科技股份有限公司 2021 年年度报告全文［R/OL］.（2022 - 04）［2024 - 08 - 23］. http://www. szse. cn/disclosure/listed/bulletinDetail/index. html?5b910351 - 0d14 - 4bc1 - a5b0 - 507609c9cf67.

［3］爱 T 哥. 10 年内营收破百亿，它的社媒矩阵流量有多猛?［EB/OL］.（2022 - 04 - 26）［2024 - 08 - 23］. https://mp. weixin. qq. com/s/xqQMteLXxAlm4KJ2PmF0XA.

［4］Christie Chen. 市值近千亿的出海领军者，安克创新如何探索品牌全球化之路?［EB/OL］.（2021 - 03 - 31）［2024 - 08 - 23］. https://mp. weixin. qq. com/s/UmhIMa5spRo6UoEG_FU1fQ.

［5］代润泽. 安克还有多少故事可讲?［EB/OL］.（2022 - 09 - 14）［2024 - 08 - 23］. https://www. leiphone. com/category/industrynews/kn2dwh02YvODrETA. html.

［6］店匠 Shoplazza. 独立站增长 71%，亚马逊大卖安克如何转型成功?［EB/OL］.（2023 - 06 - 05）［2024 - 08 - 23］. https://baijiahao. baidu. com/s? id = 1767855616469454421&wfr = spider&for = pc.

［7］HaiMa 海玛国际. 特朗普都在用的中国品牌充电宝究竟牛在哪?［EB/OL］.（2024 - 08 - 15）［2024 - 08 - 23］. https://baijiahao. baidu. com/s? id = 1807432518151409249&wfr = spider&for = pc.

［8］蓝海亿观网. 特朗普带火 Anker 充电宝，安克未必笑得出来［EB/OL］.（2024 - 08 - 14）［2024 - 08 - 23］. https://www. egainnews. com/article/16870.

［9］其中歌. 制造业出海的升维打法:聊聊安克创新［EB/OL］.（2024 - 03 - 30）［2024 - 08 - 23］. https://zhuanlan. zhihu. com/p/689906634.

［10］瑞雷万特跨境出海. 安克创新"平台 + 独立站"成功之道［EB/OL］.（2024 - 03 - 06）［2024 - 08 - 23］. https://mp. weixin. qq. com/s/y3xJx-eJpHCvgEIw-KHA9w.

［11］深氪新消费. 又一个低调国货品牌:成立 2 年称霸亚马逊，仅用 10 年成为全球第一［EB/OL］.（2021 - 12 - 03）［2024 - 08 - 23］. https://baijiahao. baidu. com/s? id = 1718104180678086897&wfr = spider&for = pc.

［12］孙嘉甜. 安克创新:靠细分品类出海的王者［EB/OL］.（2024 - 02 - 23）［2024 - 08 - 23］. https://mp. weixin. qq. com/s/lXzWT1yVxSYWkm201gusxQ.

［13］小马不插电. 安克创新投研笔记(二):从产品出海到品牌出海［EB/OL］.（2024 - 06 - 02）［2024 - 08 - 23］. https://xueqiu. com/4237633613/292290431.

［14］张敏艺. 安克创新:勾勒智能硬件品牌出海的能力版图［EB/OL］.（2024 - 04 - 13）［2024 - 08 - 23］. https://mp. weixin. qq. com/s/AGose1TvW8biIsRdJNyCKg.

［15］张子怡. 利润大涨 72%，市值超 370 亿后，"充电宝一哥"安克离开浅海［EB/OL］.（2023 - 11 - 12）［2024 - 08 - 23］. https://mp. weixin. qq. com/s/nRf5jaLDapRUYk4Y7pb5RA.

名创优品的"全球本土化"之路①

0 引言

2023 年 5 月,名创优品的全球旗舰店亮相美国纽约时代广场,面积 400 平方米,首月销售额近千万元人民币;2024 年 6 月,名创优品把欧洲最大旗舰店开到了法国巴黎的香榭丽舍大街,面积 800 平方米,首日销售额近 58 万元人民币;2024 年 8 月,名创优品全球最大门店——印尼雅加达 Central Park 旗舰店正式开业,面积 3 000 平方米,首日销售额突破 118 万元人民币,创下名创优品全球门店单日销售新高。

根据名创优品 8 月发布的 2024 年半年报,总营收 77.6 亿元,同比增长 25%,其中,海外业务营收 27.3 亿元,同比增长 43%;毛利率 43.7%,较去年同期上升 4.1 个百分点,创历史新高;经调整后净利润 12.4 亿元,同比增长 18%,调整后净利润率 16%。

从 2015 年"非主动性"在新加坡开设第一家代理模式的门店,到 2024 年 6 月底,名创优品已成为全球性零售品牌,进入了 110 个海外市场,海外的门店数量达到 2 753 家(占总门店数的 40%)。名创优品的出海之途有过什么经历?又做对了哪些事情?

---

① 本案例由上海交通大学安泰经济与管理学院案例研究与开发中心张菱(兼职)撰写。在写作过程中得到了案例企业的支持,并参考了现有公开信息及企业授权资料。该案例的目的是用来做课堂讨论的题材而非说明案例所述公司管理是否有效。

1 从0到1

2013年,名创优品创始人叶国富在国外旅行时,发现当地有很多生活用品专营店,这类店铺销售的日用生活百货不仅质量好、设计美观,价格还很实惠,而且绝大多数都是"中国制造"。叶国富因此获得商业灵感,回国后便创办了名创优品。品牌生意红火,月销售额达到两三百万元,因此引起了零售行业的关注,包括一些来参加广交会的东南亚华侨,主动提出愿意帮助其拓展海外市场。当时,名创优品在国内只有1 000多家店,远未达到饱和状态,但既然有这样的外力拉动,名创优品便顺水推舟,开始布局海外市场。2015年底,名创优品以代理形式在新加坡核心商圈开出首家海外门店。2016年,名创优品继续探索通过代理商拓展海外市场,进入了东南亚部分国家,并在年底于墨西哥开出首店,正式进入拉美市场。出海可行性得到验证后,名创优品开始进入快速的全球扩张阶段。据名创优品2021年财报,截至2021年6月30日,公司已进入全球99个国家和地区,海外门店数量达到1 810家。

1.1 海外经营模式

名创优品的海外拓展初期以代理为主,通过与当地代理商合作,不仅能降低进入新市场的风险,更好地融入当地市场,而且有助于提高扩张速度。在代理模式下,代理商买断商品,在选品、进货量、终端定价和营销等方面有较大的自主权。这些代理商大多有较强的资金实力,会开多家店铺,形成投资组合以降低单店经营风险。

海外代理模式普遍存在的一个弊端是品牌管控较难,由于代理商拥有较大的自主权,可能导致品牌形象不统一。为此,名创优品建立了严格的品牌标准和规范,并加强了对代理商的管理和培训,确保其理解并贯彻品牌的理念和形象,对违反规定的代理商也会进行处罚甚至终止合作。

2017年,名创优品进入北美,以代理商模式在美国和加拿大多个城市开拓市场。由于与代理商沟通效率较低,政策落地较慢,名创优品2019年决定逐步收回代理权。始于2020年的新冠疫情对线下销售的冲击也使一些代理商主动退出,名创优品借此机会加速将北美转为直营市场。

印尼也是名创优品的海外直营市场,属于名创优品出海早期开拓的国家。当地团队通过合伙人模式快速拓展门店网络,拿下大流量商场的好铺面,门店效益高,回本快,吸引了更多合作伙伴加入。在合伙人模式下,合作伙伴负责提供初始资本开支、存货保证金及运营开支,名创优品负责门店运营和品牌管理。名创优品已进入印尼一半以上的大型购物中心,门店数量已超过 300 家。

1.2 着眼全球化,着手本土化

出海最大的挑战莫过于对海外本土市场的理解。在这方面,名创优品也走过一些弯路,早期"全球一盘货",把一些产品发到了不适销的市场,例如,将厚袜子发到东南亚,将保温杯发到美国,没有考虑到东南亚国家属于热带以及欧美人习惯喝凉水、没有保温热水需求等因素。

为此,名创优品对组织架构进行了调整优化,将海外商品团队独立出来,并细分为五个大区五盘货:北美、拉美、东南亚、中东和欧洲。当地子公司商品团队有两大责任:一是将本土需要和要求反馈给总部;二是在当地拓展供应链,做一部分直采,如保质期较短的零食食品等。在代理市场设立国家代表,专门服务于当地代理商,把代理商的需求反馈给总部。对于重点的海外市场,还会通过市场调研、与当地 KOL 合作等手段了解当地需求。总之,基于市场一线的声音和需求去做精准的定制化产品开发。

这样开发出来、很受当地市场欢迎的产品案例不少。很多新加坡人有 DIY 家居产品的爱好,名创优品就设计了一款带灯的螺丝刀,配有 8 种不同的尖端,且内置小灯,用户在组装宜家桌子和架子等家具底部时无须费力另寻光源。印尼人喜欢穿人字拖,一是因为天气炎热,二是因为去清真寺做礼拜时脱鞋方便(印尼的穆斯林人口占比约 90%)。名创优品为当地市场定制了柔软不磨脚的时尚一字拖,非常受欢迎。印尼民间甚至有"买拖鞋就去名创优品"的说法。

出海企业最关键的本土化是组织的本地化,从门店店员到办公室人群都能逐步本地化。在美国子公司,除一线店员和店长外,员工有一半是本地人;印尼子公司 95% 都是本地人才。总体而言,截至 2023 年底,名创优品的海外员工人数占比已超过 50%。

1.3　供应链优势

据名创优品 2023 年财报,其各渠道平均每月推出约 930 个 SKU,为消费者提供约 9 500 个核心 SKU。要保持如此常看常新的消费体验,供应链优势是关键。在各类产品中,名创优品都选择头部供应商合作,如香水选择奇华顿(迪奥、香奈儿的代工厂),彩妆选择莹特丽(雅诗兰黛、兰蔻的代工厂)和科丝美诗(香奈儿、欧莱雅的代工厂),手机配件选择立讯精密(苹果的代工厂),餐具选择嘉诚工业(钓鱼台国宾馆的餐具供应商)等。

名创优品通过以下三方面构筑与供应商的紧密合作关系:①以量制价,巨量 SKU 为供应商提供了稳定的订单量,同时也提高了名创优品的议价能力,达成共赢;②买断定制,供应商没有库存和周转压力;③不压货款,30 天左右的较短账期为供应商提供了稳定的现金流。

名创优品也有一些海外的本地供应链,其主要作用是解决一些认证、效期等方面的问题,以及优化关税和物流成本等。

2　从 1 到 N

从 2022 年起,面对国内外格局的新趋势和新变化,名创优品在成本领先的基础上,开始从产品差异化和品牌差异化这两个战略维度应对全球竞争,将自身重新定位为"全球 IP 联名集合店"。

名创优品的 IP 设计开发主要有两种模式:一是通过授权与其他 IP 合作,二是自己孵化和运营原创 IP。在前一种模式中,由于名创优品有覆盖全球的渠道和强大的供应链,也有 IP 产品的企划和设计开发能力,能确保 IP 产品有较大的销售规模和销售额,从而能让合作伙伴获得更多的版权费收入。这种能力使得名创优品能与全球各大知名头部 IP 进行合作,合作期限短则 1 年、2 年,长则 5 年、10 年。名创优品与三丽鸥、宝可梦和迪士尼等全球知名 IP 联名的产品不仅能满足消费者的情感需求,更成为他们展示个性和品位的时尚单品。

早在 2019 年,名创优品就曾借助《复仇者联盟》系列电影的热度推出了与漫威联名的系列产品,市场反馈非常好,从此开启了"IP 联名"增长之旅。2022年,名创优品与美泰公司达成芭比的 IP 授权合作,并在《芭比》电影上映的2023 年 7 月于美国和中国同时推出 120 款芭比 IP 系列产品,覆盖 12 个品类。上架 2 周内,70％的产品售罄。

在后一种模式中,名创优品已成功打造了一些属于自己的原创 IP。以企鹅 PENPEN 为例,这个家族三只小企鹅的人设是:酷爱去世界各地旅游和冒险,邂逅不同国家的人,了解当地的文化;它们充满活力的能量给周围的每个人都带来积极的氛围。在 IP 形象初步打造完成后,名创优品在 TikTok 等海外社交媒体上为它们开通了账号,PENPEN 会以它们的视角发布日记内容,也会设置表情包贴纸,发布一些小动画和小视频来讲故事。PENPEN 和另一个名创优品的原创 IP 墩 DUN 鸡在海外社交媒体上的小视频累计播放量高达 4700多万次。PENPEN 已成为名创优品的海外形象大使,并衍生出毛绒解压公仔、婚纱公仔、换装挂件钥匙扣和文具等系列产品。2023 年 11 月,位于英国伦敦牛津街的旗舰店开张,店内打造了一个巨型的 PENPEN 公仔展示空间。名创优品也为 2024 年巴黎奥运会推出了专属 PENPEN 公仔和其他产品。

截至 2023 年底,名创优品与全球 100 多个头部 IP 建立了合作,开发了超过 300 个 IP 类目的产品,累计销售量超过 7 亿件,全球买过名创优品 IP 联名产品的顾客累计达到上亿人次。与普通顾客相比,消费 IP 产品的顾客消费频次多 28％,客单价高 43％。

2.1 四大全球战略品类

在新的品牌战略定位下,名创优品围绕目标客户群(以年轻女性为主)的需求优化商品结构,聚焦于有差异化、强 IP 属性、能提供情绪价值的品类,确定了盲盒、毛绒、香氛和旅游出行这四大战略品类。

盲盒和毛绒都有非常强的 IP 属性,毛绒一直都是名创优品海外销售占比最高的品类,而盲盒在海外大部分市场是一个全新的品类,即便是海外的KOL、网红和潮人对盲盒及其游戏规则(如封面款、心愿款和隐藏款等)也知之甚少。但海外消费者对盲盒抱有极大的好奇心,因为它带来了全新的体验和新鲜感,一旦体验之后非常喜欢,会不断复购。盲盒在海外市场的渗透率快速提升,尤其在美国市场:一方面是由于盲盒非常契合美国人热衷惊喜的消费基因;

另一方面，盲盒是超级 IP 载体，而美国是全球第一大 IP 潮流消费市场。目前盲盒对名创优品美国市场的贡献率已高达 10%。香氛不同于杯子和拖鞋这类日用家居品，它是营造氛围感的新刚需品类。在海外市场，名创优品主推高性价比的香水产品，使用的原料和供应商与迪奥和香奈儿等国际大牌一样，价格却只有大牌的 1/10。香水在海外市场的销售基数一直很大，例如，在印尼等市场，香水销售占比很高。

2023 年，名创优品全球盲盒产品累计销量超过 2 000 万件，全球毛绒公仔产品累计销量约 4 000 万个。

2.2　私域营销

高性价比是名创优品最重要的竞争优势之一，同时，名创优品也希望保持其较高的经营利润率水平，因此，控制费用对名创优品来说非常重要。作为消费品零售品牌，如何在营销费用最小化的前提下实现宣传营销效果最大化？当今社会，社交媒体主导的媒体大环境是去中心化的，加上社交媒体普遍采用的推荐算法，内容触达消费者的方式更为碎片化或圈层化，传统的大媒体投放既昂贵又未必有效，尤其是对于名创优品这样以年轻人为目标客户群、内容营销又需要覆盖全球的品牌。

名创优品的选择是聚焦于私域营销。名创优品建立了全球红人库，与各国的 KOL 和 KOC 们合作，借助他们的镜头和语言，把名创优品的理念和产品信息传递给更广泛的受众。从短期看，这种营销方式不仅节省成本，传播效率也更高，因为消费者在观看 KOL 和 KOC 的分享时，更容易被种草并产生购买欲望。从长期看，与各类 KOL 和 KOC 的合作更容易精准地把品牌影响力扩散到潜在目标客户群体中，这样的营销方式不仅时效性强，还能把 KOL 和 KOC 的影响力转化为品牌的追随者。

与此同时，在所布局的国家与地区，名创优品也用心做本地化运营，在当地注册品牌官方的各种社交账号，包括 Facebook、Instagram 和 TikTok 等，用当地的语言和风格与消费者进行互动。例如，加拿大账号的风格更为简洁，泰国账号的风格更偏向搞怪风，都是根据当地消费者的偏好量身定制的。这样本土化、精细化的运营策略，不仅能提升品牌知名度，也在很大程度上增强了用户黏性。

名创优品的另一招是"全员营销"。名创优品的线下门店位置好，客流充足，店员会将客流转化为注册会员，再通过各种线上、线下或线上线下互动的活动，让会员也成为其内容的生产者和传播者，成为"野生"品牌代言人，影响他们身边的人，从而产生海量的内容和曝光度，提升名创优品的品牌影响力。

尽管在营销渠道和方式上去中心化，但内容营销的内容管理仍然需要中心化，以确保品牌内容的一致性。为此，名创优品总部建立了一个内容中台，向全球市场提供内容素材，各国的红人和官方账号再据此因地制宜进行二次创作。

3　未来 5 年战略规划

2024 年初，名创优品发布了未来 5 年的战略规划目标：集团营收复合增速不低于 20％，每年净增门店 900～1 100 家，其中，海外市场每年净增门店 550～650 家，到 2028 年末，全球门店数相较 2023 年末接近翻倍，IP 产品销售占比超过 50％。

启发思考题

（1）名创优品在海外市场的竞争优势有哪些？

（2）名创优品实现未来 5 年战略规划可能面临的挑战有哪些？

参考资料

［1］格隆汇. 中国品牌出海，名创优品打破"不可能三角"［EB/OL］.（2023－05－25）［2024－09－30］. https：//baijiahao. baidu. com/s? id＝1766857137161895667&wfr＝spider&for＝pc.

［2］汪立亭，李宏科，Rebecca Hu，等. 十年磨剑显锋芒，打造中国零售出海标杆［R/OL］.（2023－07－23）［2024－09－29］. https：//www. ufspace. com/blog/detail. htm? blogId＝1022257&app_type＝2011.

［3］李木木. 名创优品是怎么做出海本地化的［EB/OL］.（2024－09－14）［2024－10－15］. https：//mp. weixin. qq. com/s/A4LZ6NJzSKy7CN7j13aDhw.

［4］MINISO. MINISO Group Announces March Quarter 2024 Unaudited Financial Results［R/OL］.（2024－05－14）［2024－10－12］. https：//filecache. investorroom. com/mr5ir_miniso/315/MINISO％202024％20Mar％20Quarter％20ER. pdf.

［5］Vinky. 名创优品出海记［EB/OL］. (2024 - 01 - 16)［2024 - 10 - 11］. https://business. sohu. com/a/752139605_114819.

［6］王雅迪,石丹. 出海八年,名创优品冲向世界繁华商业街［EB/OL］. (2024 - 01 - 31)［2024 - 10 - 13］. https://mp. weixin. qq. com/s/6Mx2T-W23jQhb-Wj2Nqj1w.

［7］谢林祁. 名创优品:如何讲好中国品牌出海故事?［EB/OL］. (2024 - 06 - 06)［2024 - 09 - 20］. https://mp. weixin. qq. com/s/xE7wXG7vAuAomXgFuGHxmg.

［8］邹小困. 名创优品的海外本土化,没你想得那么简单［EB/OL］. (2024 - 07 - 03)［2024 - 10 - 16］. https://mp. weixin. qq. com/s/q_XZamvs1KuJgG3y9zuPUA.

快乐小羊匠心出海：让世界爱上中国火锅①

0　引言

　　2024 年的一个黄昏，阳光如金色的绸缎，铺满了加州的街道。下午 5:00多，快乐小羊位于加州奥克兰的餐厅里已经开始排起了长长的队伍。快乐小羊首席营销官杨鸥和团队又一次来这里巡店，这家店已经是杨鸥今年巡访的 7 个国家 50 多个城市的第 68 家门店了。门口络绎不绝的西方顾客们不断地涌入这家 400 多平方米的门店，这也是快乐小羊海外各门店的常态。

　　像往常一样，杨鸥和团队进入每一家店，首先就来到快乐小羊店面的后厨，检查这家店的火锅汤底熬得是否能达到标准。走近那口散发着诱人香气的巨大铁锅旁，汤底如同被时间精心雕琢的白玉，温润浓郁、浓香逼人，杨鸥满意地点了点头。快乐小羊的这锅汤是店面的镇店之宝，无论是在纽约、西雅图、加州、墨尔本、伦敦还是北京，每天清晨，老师傅们挑选了老鸡和牛大骨，经过选、炮、焖、炒、烤、熬 6 道工序，新鲜现熬 6 个小时，再加入当归、党参等十几味中药材，才能出汤。汤熬得好不好，味够不够正，很大程度上决定了顾客这一餐火锅的品质，也决定了这家店生意的好坏和前途。

　　为了坚守全世界每一家快乐小羊火锅的出品品质，快乐小羊的团队走遍了

---

① 本案例由上海交通大学安泰经济与管理学院案例研究与开发中心王妍琳撰写。在写作
　过程中得到了案例企业的支持，并参考了现有公开信息及企业授权资料。该案例的目的
　是用来做课堂讨论的题材而非说明案例所述公司管理是否有效。

五湖四海去搜罗顶级的食材和羊肉；他们在中国内蒙古建立了可以出口十几个国家的调味品工厂，从种植源头开始把控原材料的品质；跑遍了全世界各大牧场去搜罗最好的羊肉，目前在中国锡盟草原、英国威尔士、澳洲建立了羊肉加工基地，经过专业老师傅的去筋剔膜、去云皮的技术，确保羊肉涮好后，鲜嫩不膻，每一口都蕴含着对口味的极致追求和对食客的真挚情感。

此刻，快乐小羊在北美已开出近50家店，在全球开出了上百家餐厅，每年接待600万人次的海内外顾客，关键是目前海外店面60％以上的客户是非华人的当地主流客群。能被当地的主流客群所接受，这给了快乐小羊团队极大的信心，计划在全球再开100家店。

快乐小羊虽然经过多年打下了牢固的基础，但面对如今火热的中餐出海热带来的进一步竞争，如何能够尽快抢占市场？到底是继续坚守匠心熬制还是引入智能设备提高效率？杨鸥的心中，既有对匠心独运、慢工出细活的坚持与自豪，也有对如何利用现代科技和智能设备提升效率、加速规模扩张的深刻思考。杨鸥站在这里，目光穿过升腾而起的袅袅热气，望向更加辽阔的远方。这热气，仿佛是他内心矛盾的具象化：一边是对传统手艺的温情回望，一边是对未来趋势的勇敢探索。

1 快乐小羊的前世今生

1.1 一炮而红，小肥羊横空出世

1999年8月8日，小肥羊在包头开业，30张桌子、50名员工、400平方米的餐厅开始了它的传奇故事。小肥羊开业即火爆，凭的是一锅"秘制的火锅底料配方"加"6月龄的草原羔羊肉"，以及由此形成的"不蘸小料涮肥羊"的新鲜感。"不蘸料"是小肥羊最大的感知层面的差异化，这与市面上的川渝火锅、北京涮羊肉等形成了极大的反差，也让吃惯了蘸料的消费者感觉非常新鲜，大大刺激了人们求新求异的心理。

"小肥羊"火了，成了内蒙古人都喜爱的涮羊肉火锅，团队因此对于在全国的发展充满了信心。接着小肥羊南下上海，上海新店又一炮而红，一座难求。继而小肥羊开始征服深圳、广州等全国市场。小肥羊也成了当年第一批的网红火锅餐厅。

为了加快发展速度,抢占市场,小肥羊开始实施"直营+合伙制+加盟"的策略。即公司除了发展直营店面和加盟店,还会收编部分经营得比较好的加盟店,通过控股使其成为直营店面。公司还设置了大区总经理这一职位,有权管理和发展加盟店。在这个灵活政策的推动下,小肥羊如雨后春笋般地在全国发展了起来,在高峰期,小肥羊的店面数量一度达到了721家。2005年10月,在商务部公布的中国餐饮百强榜中,小肥羊以43.3亿元的营业额(2004年)名列第二,排名第一的是肯德基、必胜客的母公司Y集团。

2008年小肥羊在香港主板上市,成为中国火锅第一股。小肥羊原创团队的雄心壮志是要把小肥羊开到世界各地去,只有搭乘国际化公司平台的大船,才能将小肥羊的品牌做大、做强、做到海外。于是2011年,小肥羊被Y集团收购。然而始料未及的是,新东家的一系列标准化的西式操作使小肥羊渐渐变了味,小肥羊并没有因"嫁入豪门"而青云直上。

1.2 二次出发,打造快乐小羊

原创团队不忍心看到这个品牌和产品就此没落,为了延续这份热爱的事业,决定二次创业。

2016年,全新的品牌"快乐小羊"首次成功亮相于美国波士顿。随后,中餐火锅迅速在当地掀起热潮。快乐小羊趁热打铁,将版图扩展至全球10多个国家,包括英国、澳大利亚、美国、瑞典、新加坡等国。目前,快乐小羊已在90多个城市成功开设了上百家门店。每年接待600万名不同文化、不同信仰和饮食习惯的海内外顾客来用餐,其在海外的门店数已超过50家,且均为直营。经过多年对海外市场的耕耘,快乐小羊被全世界的顾客所接受。

不同于中餐出海重点服务华人,快乐小羊是最早走出唐人街,真正融入各国主流社会中去开店的火锅品牌。快乐小羊门店西方顾客占60%以上,就连门店外国员工占比也达到50%左右。尤其在美国市场,西方顾客占比达70%。

如今,快乐小羊所到之处,无论是在波士顿、芝加哥,还是在墨尔本、伦敦,长长的队伍从来没有断过,排队1～2小时才能吃到也是各门店的常态。

2 初心：波士顿首店起步

本着要将中国火锅开到全球各地的初衷，鉴于原创团队之前在美国的一些基础，他们将目光投向了美国的波士顿。

波士顿不仅是美国马萨诸塞州的首府和最大城市、新英格兰地区的中心城市，而且是美国历史文化和创新科技的重要代表。波士顿建于 1630 年，人口只有 300 万，却是美国的摇篮、美国独立战争的发源地。学术氛围浓厚的波士顿拥有超过 100 所大学，超过 25 万名大学生在此接受教育，举世闻名的哈佛大学和麻省理工学院都位于此，由此造就了波士顿多元、开放、包容、创新的城市内涵。此处的饮食文化丰富而又多样，来自世界各地的美食，以及当地的特色美食都汇聚于此。

"不仅要做 300 万美国华人的生意，更要做 3 亿美国人的生意！"快乐小羊原创团队从一开始就意识到目标客户不能仅定位于华人。首先，他们觉得华人市场总量不大。美国的华人总量也才四五百万人，且分布非常分散，华人在一个城镇里可能也就不到几十万人，几百家店都去抢华人，竞争激烈程度可想而知。在唐人街，很多中餐品类包括火锅、奶茶、包子、饺子等都争先恐后地"杀"过去，光火锅这一个品类，一条街上可能就有 20 多家，竞争极其激烈。

此外，快乐小羊原创团队认为餐饮很关键的一点是要"吃住顾客"，就是做回头客生意。他们认为华人由于选择很多，消费忠诚度比较低，他们的经验是新店伊始时一般华人顾客会很多，但一旦附近开了新店之后，华人顾客就马上流失了。相对而言，西方人消费忠诚度非常高，因为他们在饮食的选择上相对单一，一旦认可就不太会更换。与此同时，西方人的消费力也更强。

决定了要在美国的主流市场里面试水之后，快乐小羊将第一家店选址在了白人区比较中心位置的一条美食街的临街店铺，直接进入主流消费区。刚开始团队确实对于市场前景有点忐忑，但是开业后得到的很多顾客反响超越了预期，接下来这家店生意一直非常好，差不多 2 年就回本了。

快乐小羊初期选择这座城市，选择直接进入西方人的主流消费区也只是一种尝试。小试牛刀之后发现效果非常好，于是也坚定了他们重新好好做一个品牌的信心，这是快乐小羊品牌故事的起源。

3 匠心：产品力永远大于营销力

作为快乐小羊的首席营销官，杨鸥很自然会倾向于认为营销很重要。然而，快乐小羊的董事长张钢先生经常说："我们做生意心要诚，要给顾客最好的火锅汤底和最好的牛羊肉，不用到处去吹，踏踏实实地把顾客吃住，只要顾客认可你了，不愁没有生意。"杨鸥说道："快乐小羊认为，产品力大于营销力。营销宣传是个放大器，好产品在市场进入初期主要起到拉动新客、启动市场的作用，但最终要维系顾客还是看产品是不是能吸引住顾客，能够让顾客一直来光顾，所以复购率很重要。我们的逻辑是：产品力带动口碑，口碑带动品牌！我们需要打造的是一套基于产品力的优势模型。"一锅好汤和一盘好羊肉就是快乐小羊产品力的优势模型。

全世界各地的快乐小羊餐厅，十几年如一日都秉持大骨熬汤工艺的传统，每天清晨，经验丰富的老师傅们以一斤老鸡、半斤牛棒骨为高汤打底，经过6小时文火熬制，沉淀出浓香大骨汤，让锅底有了骨气。再经过"选、炮、炒、熬、焖、煮"6道工序，加入十几味原产地优质中华草本精华辅料，让火锅有了灵魂。独门配方熬制出浓香四溢的汤底，汤鲜味美，不用蘸料就能品尝得到食材的天然味道，成就了"好汤不蘸料""不蘸料更有料"的蒙式火锅特色。

汤是整个火锅的灵魂，快乐小羊对这个汤品极其看重，要求每家门店的汤必须是每天现熬的。快乐小羊管理层例行探店时，第一个就看汤熬得好不好，绝对不允许出现偷工减料或者是汤没有熬满时间的问题。这是不可逾越的红线，如果汤熬得没有达到标准，绝对不允许开门迎客。

这么繁复的工序利用科技狠活简化一下做成骨汤膏或者预制菜不香吗？预制菜本质是一种利用氮气进行急冻的技术，食材在细胞还没有被冰晶刺破的时候迅速冻住了，食用时再慢慢还原，还原以后的那个味道跟新鲜现做的口感还是有很大差异的。当年小肥羊也就是从现场熬汤改成了标准化版的工厂预制，虽然从提升效率和收入的角度来讲，这样成本效益更高，但是出于对口味的坚持，快乐小羊宁可笨一点、慢一点、辛苦一点，而宁拙勿巧。

快乐小羊把所有诚意完全体现在它的产品上面，坚持手工给世界上一锅好汤，传递手作的温度，体现匠心的价值，回归餐饮最本质的美好。

4 恒心：供应链先行，确保领"鲜"羊肉供应

如果说汤是快乐小羊产品的灵魂，那么羊肉则是它的基石。涮羊肉需要用6月龄羔羊肉，这是快乐小羊原创团队在小肥羊时期便引领的潮流。1年以上的成年羊因进入发情期，所以肉质又膻又老，而6月龄左右未成年的羔羊肉反而没有丁点的膻味，口感又非常鲜嫩。不过羔羊肉的供货成本高，出肉率却很低，如何在海外开店时保证羔羊肉的足量供应呢？

所谓"兵马未动，粮草先行"。中餐企业出海，供应链必须先行。海外发展想要源头制胜，要先打造供应链，再布局餐厅网点，因地制宜，就地取材。麦当劳进中国时第一个解决的就是薯条的土豆供应问题。它的供应商很早就跑到内蒙古去种土豆，种了几年后采摘成功了，麦当劳才敢用这个土豆做薯条。同理，如果没有质量保障的羊肉，快乐小羊在海外开不了店。

快乐小羊出海英国时，就遇到了英国没有专供火锅羊肉的难题。原创团队就亲自到英国各大牧场去寻找，发现英国威尔士羊的自然放牧环境比中国内蒙古羊的放牧环境都好，质量应该不会差。可是英国人只喜欢做成羊排。原创团队就邀请当地肉业协会到快乐小羊店里参观，告诉他们羊肉还可以做成羊肉卷涮着吃。肉业协会的力量其实非常大。英国脱欧对牧民的羊肉销量造成了不小的负面影响，英国政府对于这些牧民选票非常看重，肉业协会也很着急，因此一看到中国的这种火锅涮羊肉的模式立刻表示非常感兴趣，甚至希望能够出口到中国。快乐小羊就此跟当地肉业协会一起合作研发羊肉产品，现在英国的羊肉已经开始进入很多店面。值得一提的是，快乐小羊还成功地将英国威尔士羊引入美国，在美国的快乐小羊餐厅也能品尝到"英伦小鲜肉"。

快乐小羊在海外快速发展的自信来源于其强大的供应链，它在国内和国外都建立了供应链体系，能将世界各地优质的羊肉聚集起来。快乐小羊的员工走遍五大洲的牧场及加工厂，深入了解各地不同"羊"的品种、生长周期、草饲环境、屠宰季节、加工工艺后，再去打造上游供应链，从而推动下游产业。在澳洲选用比利时蓝羊，在英国选用威尔士羊，在新西兰选用罗姆尼羊，在中国则选用来自锡林郭勒草原生态基地、巴彦淖尔基地的内蒙古纯种苏尼特羊，充分实现了因地制宜、就地取材。攻克了供应链难题后，快乐小羊不仅能合理控制供应

链成本，提升食材口感，甚至还可以在情感上给食客一种更为安心的用餐体验。

相对于国内市场，海外市场在肉类供应链上更讲究"鲜"和"健康"，要符合欧盟和美、加、日等国对进口食品的严格检测要求，因而快乐小羊采用了 $0\sim4℃$ 细胞锁鲜技术，全程恒低温控制，然后空运到各个地区。只有稳定的高品质供应链，才能保证高品质的产品源源不断地供应给世界各地的快乐小羊餐厅。

5 交心：和而不同地融入当地

美国商业本身在线上和线下融合得比较好，电商做线上的生意，实体店做线下的生意，互不影响，不像中国商场线下生意少，做线上要购买很大流量，线上线下都亏损。再比如日本的秋叶原，一条街几千家小店，但是每家都不一样，这家卖变形金刚，那家卖海贼王，大家都能火。"中企出海到底想要输出什么样的文化？是内卷的文化还是狼性的文化？这种文化能否带给当地更多的价值？很多中国企业，把中国烧钱补贴的模式带到了美国，也在美国做得风生水起，它低价的产品很多，补贴一旦取消，价格上来后会产生一系列新的问题，是不是能够有长期的价值？这样的文化输出有没有价值？人家怎么看我们？"对于出海所要传递的文化，杨鸥经常反思，"还是要融入当地，不要去做低质的、同质化的、低价的竞争。"

快乐小羊在出海过程中正是践行了中国文化中"以和为贵，和而不同"的理念，融入当地文化，尊重当地文化，跟当地人多交心。

一开始很多老外顾客不会吃火锅，快乐小羊就不断地进行饮食宣传教育。老外本来觉得中国火锅和韩国部队锅的吃法一样，他们喜欢先下面条，再下蔬菜，最后下肉。通过提供涮食指引，快乐小羊会告诉他们：如果先下面条会把汤汁吸干，喝不到美味的汤，面又容易膨胀不好吃；第一步应该先涮肉，涮完肉后肉的鲜美会融进汤里，再喝上一碗锅汤，体验大锅涮肉满满的仪式感。包括告诉他们汤里面的各种当归、党参等中药材不能吃。为了宣传正确的用餐流程，快乐小羊还做了很多精致的宣传册、桌垫以及小巧的提示台卡，慢慢地去引导顾客并使其得到最好的用餐体验。此外，海外的自媒体包括 TikTok、INS 等也比较火，通过小视频进行宣传也是有效解决文化鸿沟的一种方式。老外也很会玩，比如他们会 DIY 一个虾的吃法的非常有意思的视频进行传播，诸如此类的互动会形成良性循环，促进中华美食文化的传播。

在顾客服务方面，快乐小羊需要去适应当地的习惯。比如美国男性周末通常要带孩子，快乐小羊的美国顾客很多都是男性，他们就会在美国的男厕所设置一些婴孩设施及用品；比如老外顾客对生日这种隐私信息非常敏感，不能过度营销；再比如老外顾客不用牙签而是喜欢用牙线等各方面的细节，快乐小羊都会注意去调整和优化。

快乐小羊的海外店，由中国员工与海外员工共同组成团队，目前，50％左右是西方员工。在对待自己的海外员工方面，快乐小羊也秉持传统的家文化，对待员工像对待自己家人一样，不会要求员工必须加班。

为了供应链产品品质的稳定，快乐小羊还输出中国"羊肉卷"的加工技术。由于羊肉的精细分割工艺属于中式特色手工活，海外市场只会做简单的切割，所以快乐小羊每年都会从国内派技术人员到澳洲、新西兰、英国工厂传授去筋剔膜、去云皮等羊肉精细加工技术，手把手地教当地人如何做羊肉卷，将当地羊做成可以涮中国火锅的鲜羊肉。

6 敬畏心：未来发展的机遇与挑战

6.1 从手工到设备的标准化

对于餐饮的标准化问题，快乐小羊目前实行的标准化是不同意义上的标准化，是授权下的标准化，即总控几大模块，其他可以授权区域店面自行调整。在熬汤的标准方面，目前要求各门店的厨师长将每天熬制的工序拍下来传到管理群里，也会有监控看他们有没有偷懒，也有管理层探店抽查，通过这些方式进行标准化的监督管理。快乐小羊那锅汤的熬制确实煞费工夫，如果未来加快海外扩店的脚步，锅汤的熬制如何既能保证现熬的口味，又能标准化以跟上开店的节奏是亟须解决的问题。

快乐小羊想寻求通过智能设备的控制去减少人为因素的影响，真正做到标准化，前提是不违背中餐本身的保鲜和口味。比如急需一种先进的智能设备，熬不到规定的时间就开不了锅，或者没熬到时间开锅就会报警，又或者汤的蛋白到不了规定的浓度会报警等。快乐小羊也曾研究过智能投料设备，投的次数多了以后就会出现盐回潮粘住或是酱油撒得不均匀等各种问题，一点都没省人工。他们也曾尝试用高压去缩短熬汤的时间，但都没有达到 6 小时熬出来的那种香味和浓度。日本电饭煲的技术能做到把米芯有效煮出，然而目前全球范围内还没有研发出能把肉质蛋白高效熬出的设备。杨鸥认为目前急缺厨房智能设备和器具的技术投入，如果能够精心研发，未来这方面还是有非常大的发展空间。

6.2 从人治到法治的体系化

快乐小羊目前海外门店均为直营店，总部对区域店面的授权较大。海外区域店面可以根据当地的市场情况调整定价，也可以根据当地的市场情况决定上架哪些产品和下架哪些产品。这种灵活的管理模式目前运行良好，集权与授权之间保持着一种平衡状态。但是如果未来门店越来越多，这种集权和授权的平衡状态有可能会被打破。

比如快乐小羊在某地开了三家店，后开的店面表现就没有之前的店面好，一个人管一两家店还行，但是管到三家甚至五家店的时候，某些方面就会遇到瓶颈。另外，区域负责人权力大了以后，可能会对总部的一些指令执行得不够彻底甚至不执行，比如总部希望做一些调整，区域负责人却觉得可能这些调整并不适合当地市场或者自身不想再突破了，他就不一定去执行。因此，急需建立组织架构、管理制度等综合管理体系。杨鸥认为，快乐小羊目前最大的挑战是怎样能够从目前偏重市场运营的人治模式逐步上升到体系化管理的法治模式。过于人治对人的依赖性较大，人为因素对总部战略的执行产生的影响会越来越大；过于法治又会失去灵活性，容易使组织僵化而死，怎样做到这两方面的平衡是一个巨大的挑战。

6.3 从餐厅到零售的产业化

快乐小羊目前也在往供应链上游发展并在肉业和调味品火锅底料的零售方面进行尝试。

供应链羊肉销量在阿里巴巴排第一位。快乐小羊的羊肉外销占比已达

60%，也会卖给火锅店，比如海底捞和巴奴。快乐小羊有自己合作的牧场，在锡盟草原和巴盟草原均拥有自己的肉业加工厂。鲜肉的加工工艺要求很高，巴盟那边的冷鲜肉工厂投资额达 3 000 多万元，建造了当时国内首条羊肉的冷鲜肉加工生产线，在 10 万级的无菌车间里进行加工生产、封膜和配送，快乐小羊的冷鲜技术可以做到保鲜期在 45 天。冷鲜肉也是未来的一个趋势。

令快乐小羊感到非常无奈的是，比它便宜很多的号称锡盟草原羊的"洗澡羊"比比皆是。其实真正吃锡盟草原牧草长大的草原羊已经非常少了，好多是外面的羊用卡车运进锡盟草原溜达、吃草一会儿之后就说这是锡盟草原羊，类似阳澄湖大闸蟹的"洗澡蟹"。专业人士一吃就能吃出肉质的好坏。虽然锡盟草原也采取了贴耳标、卫星控制等方法抵制仿冒，但由于没有像国外那么完善的对假冒伪劣的处罚机制和畜牧产品的源头追溯机制，仍然无法杜绝这种劣币驱逐良币的现象。对此，杨鸥表示非常担心。

火锅底料方面，现在在美国超市已经可以买到快乐小羊的火锅底料了。众所周知，快乐小羊底料里的孜然、辣椒、当归、党参这些种子类的作物出口极为严苛，其他国家对此方面进口的农残检验要求极高，而快乐小羊已经获得了HACCP、SGS、FDA 等很多出口认证，具备了出口到 10 个国家的资质。为了拿到这些认证，快乐小羊需要做很多的田间管理，从种子开始就跟农民说不能打农药，还要定期去检测其土地和雨水等自然环境，确保重金属不会超标。不打农药造成的结果就是，快乐小羊的调料产品比其他品牌的都要贵。

7 尾声

快乐小羊，一个起源于内蒙古的涮羊肉火锅品牌，在国际舞台上绘就了一幅壮丽的出海画卷。

为什么取名"快乐小羊"？创始团队希望快乐地去做一个可以传承的事业，好好地、慢慢地做下去。最终，杨鸥豁然开朗，他的目光变得坚定而深邃，他深知，无论是坚守匠心还是拥抱科技，都是为了将快乐小羊的美味与幸福传递给更多的人。在这片充满机遇与挑战的海外大地上，快乐小羊将以更加开放的心态和创新的步伐，继续给世界上一锅好汤，尝一盘鲜肉。

启发思考题

（1）为了在全球市场立足，快乐小羊采取了哪些策略？

（2）快乐小羊的出海为什么没有先从文化相似、地域相邻的东南亚开始？

（3）中餐标准化的利弊有哪些？集权和授权的利弊有哪些？

参考资料

［1］证券时报网. 小肥羊启示录：资本是一把双刃剑［EB/OL］. (2016 - 01 - 06)［2024 - 08 - 01］. https://www. sohu. com/a/52613356_119666.

［2］第一财经日报. 百胜接盘后　曾经的"中国火锅第一股"小肥羊如今怎样了？［EB/OL］. (2016 - 01 - 06)［2024 - 08 - 01］. https://www. yicai. com/news/4735079. html.

［3］中国商业电讯. 中国餐饮新百强出炉　小肥羊连续三年排名第二［EB/OL］. (2005 - 10 - 17)［2024 - 08 - 01］. https://finance. sina. com. cn/chanjing/b/20051017/1300351597. shtml.

［4］蒙马财经. 5 年 40 亿，火锅神话"小肥羊"养肥之后，却入了资本的狼口（三）［EB/OL］. (2022 - 04 - 28)［2024 - 08 - 01］. https://www. sohu. com/a/542012255_120426849.

［5］餐饮老板内参. 凭着一锅汤一盘肉，他先征服中国，又征服海外 45 个城市［EB/OL］. (2021 - 05 - 23)［2024 - 08 - 01］. https://www. watcn. com/art/detail/3547. html.

中集车辆出海：用"全球运营"
发掘"本土智慧"①

0 引言

2024年3月，连续11年蝉联全球半挂车制造商榜首的中集车辆发布2023年财报，营业收入达到人民币250.9亿元，毛利率提升至19.0%，同比增加5.7个百分点，扣除非经常性损益的净利润为人民币15.5亿元，同比增长70%，创历史新高。

对于中集车辆这样业务覆盖全球四大主要市场40多个国家和地区的企业来说，2023年的国际政治、经济环境存在诸多不利因素：虽然全球供应链紧张和劳工短缺对北美半挂车行业的影响开始减弱，欧洲地缘政治冲突仍未受控，通货膨胀持续，经济发展陷入停滞状态，半挂车行业面临需求放缓的压力。尽管如此，中集车辆在海外市场逆风上扬：在营业收入占比最大的北美市场（占比为43.3%，高于中国市场的34.4%），毛利率达到25.8%，半挂车业务（Vanguard National Trailer，以下简称"Vanguard"）、北美冷藏车业务（CIMC Reefer Trailer，以下简称"CRT"）及集装箱骨架车业务（CIMC Intermodal Equipment，以下简称"CIE"）净利润分别同比增长54%、151%和140%；欧洲业务营业收入同比增长15.4%，毛利率为17.6%，同比提升5.5个百分点，比

---

① 本案例由上海交通大学安泰经济与管理学院案例研究与开发中心张菱（兼职）撰写。在写作过程中参考了现有公开信息。该案例的目的是用来做课堂讨论的题材而非说明案例所述公司管理是否有效。

利时的 LAG Trailers（以下简称"LAG"）营业收入同比上涨，毛利率保持稳定，在欧洲罐式车市场名列前茅，英国的 SDC Trailers（以下简称"SDC"）继续保持英国市场第一的位置，盈利创新高。

中集车辆的成绩来之不易，自 2002 年成立以来，这家企业经历了国内市场的奋力打拼，北美市场的起死回生和欧洲市场的艰难转型，在完成"开天辟地"和"走出国门"两次创业后重新出发，开启第三次创业，成为众多"出海"中国企业中的佼佼者。

中集车辆从蛇口一个四面漏风的维修车间起步，抓住政策开放的机遇，进入国内专用车行业，凭借并购快速扩大规模，先后收购整合了扬州通华、驻马店华骏车辆和山东中集等半挂车企业，并通过借鉴学习并购企业的经验自建了深圳专用车、青岛冷运和中集江门等工厂，2 年时间便坐上了国内行业第一的宝座。

但中集车辆并没有满足于此。当时国内正处于公路物流的萌芽阶段，半挂车行业处于"野蛮生长"阶段：行业分散度高，有将近 2 000 家小型专用车厂和改装车厂；缺乏行业标准，市场上的车型五花八门、千奇百怪；行业普遍不重视质量问题，车辆质量较差。时任中集车辆副总经理的李贵平认为，这样的行业格局能为公司提供的发展空间有限，相比之下，美国市场更为成熟，行业集中度高，产品标准化程度也高。因此，李贵平向中集集团提出了进军美国市场的设想。

中集集团调研项目小组赴美考察，发现当时美国挂车行业正处在周期性底部，产能严重过剩，行业利润率非常低，倒闭和重组的企业不少，整个行业对生产技术和设备的投资非常低，导致研发能力偏弱。这应该是进入美国市场、更确切地说是在美国市场"淘宝"的一个较为理想的时机。在产能过剩的背景下，自建工厂显然不合适，并购是更好的选择，即在濒临破产的企业中找到估值偏低、较为优质的资产，而且，这是在较短时间内以较低成本进入新市场的方式。

1 Vanguard 半挂车：起死回生

2003 年 6 月，经过一段时间的"沙里淘金"，中集车辆收购了当时破产拍卖、在美国挂车行业排名第八的 HPA Monon。为了整合 HPA Monon，中集集团通过其美国子公司 CIMC USA 出资设立了 Vanguard。为了进行本土化管理,集团聘请了美国挂车行业排名第一的制造商的 CEO 担任 Vanguard 总裁并组建中高层团队,同时保留了很大一部分 HPA Monon 的员工。集团还设定了 Vanguard 的全散件组装(complete knocked down,CKD)运营模式:充分发挥国内的成本优势,大部分零部件逐步转移到国内生产,尤其是 HPA Monon 原有的两个系列产品与中集车辆国内的产品重叠;Vanguard 负责成品组装,这样,Vanguard 将具有相当的成本竞争力。同时,为了打造技术方面的竞争力,集团对 Vanguard 的核心生产线进行升级,引进了基于中集大规模生产的成熟工艺装备,同时投资购买了美国的一些先进设备。

整合后的 Vanguard 迅速恢复和发展起来,2004—2006 年的 2 年间,挂车产量增长了近 2 倍,接近之前的峰值,但公司仍处于亏损状态。2008 年,美国次贷危机爆发,整个行业再次受到重挫,需求急剧萎缩。到 2009 年底,Vanguard 已累计亏损 1900 万美元。李贵平临危受命,担任中集车辆董事总经理,他需要做出一个重要决策:是保留还是放弃 Vanguard? 李贵平决定不放弃,并制定了"中途岛计划"来帮助 Vanguard 扭亏。

在当时市场低迷的大背景下,扭亏主要依靠降低成本,"中途岛计划"聚焦于从 4 个方面降本:首先是裁员 50%,在职员工降薪 10%~20%,同时设定绩效目标,达成目标可获得奖金;其次是提升生产效率,以组装一台挂车所需工时计,Vanguard 原先的效率比行业平均水平低 20%,目标是将生产效率提高到与行业水平相近;再次是通过压缩库存周转天数来降低公司过高的库存水平;最后也是最重要的,是通过降低采购成本来提高毛利率。

Vanguard 原先的运营基本由当地管理团队负责,虽然有利于发挥"本土智慧"和保持士气,但与中集车辆之间的协同效应非常有限。以采购为例,Vanguard 的当地管理团队一直不愿意加入中集车辆的全球供应链,而它本身的采购量又十分有限,采购成本很难降下来。在与 Vanguard 核心供应商的谈判中,李贵平提出将中集车辆全球供应链的采购面向供应商后,对方很快同意将 Vanguard 的采购价格降低 14%,这也使得 Vanguard 高管团队一改之前的态度,决定加入中集车辆的全球供应链。

2010 年 12 月,"中途岛计划"实施 1 年后,Vanguard 各项经营指标初见成效,当年亏损大幅降低,员工们拿到了 6 个月的绩效奖金。2011 年,Vanguard 实现扭亏为盈,产量恢复到之前的高位,在美国挂车行业的排名也上升至第 6

位。之后的几年，Vanguard 的利润逐年增长，到 2015 年，Vanguard 的排名再上升一位，并在特伦顿投资开设了第二家工厂。

2 CRT 冷藏车：CKD 完美模式

在美国试水挂车业务的同时，中集车辆也尝试开拓美国的冷藏车市场。冷藏车的核心技术是保温板的"发泡技术"，中集集团已充分掌握这一技术，其冷藏集装箱业务已做到全球第一。美国冷藏半挂车市场原先主要被 4 家企业所瓜分，它们分别是 Wabash、Great Dane、Utility 和韩国现代。次贷危机爆发后，Wabash 等企业遭受重创，中集车辆抓住这一时机，2009 年在美国设立了 CRT 公司。如果说通过收购进入美国挂车市场兼有获得更先进技术的动因，那么将冷藏车业务打入美国则是为了获得北美的市场份额。

CRT 同样采用 CKD 运营模式，即在国内生产零部件，在美国完成组装。CRT 租赁了 Vanguard 的厂房和场地，两家兄弟企业共享一些公共资源和装配生产线。CRT 在美国建立了一支本土化的销售和生产团队，中集车辆的子公司青岛中集冷车外派的中方管理人员负责日常营运管理工作，也负责现场装车技术指导，销售支持、采购供应链和财务管理都由青岛中集冷车做后台支持。这个核心技术来自中方、美方人员负责前线销售、中方人员负责售后支持和服务的 CKD 模式很快有所斩获，冷藏半挂车的销量逐年攀升。

2011 年，CRT 冷藏车销量首次超过韩国现代，成为美国第四大冷藏半挂车生产商。随着市场份额的迅速扩大，与 Vanguard 共享的工厂产能明显不足。2013 年，CRT 在洛杉矶建立了第二家组装工厂，年总产能达到 4 000 台，占据了美国 6% 左右的市场份额。

3 BSG 半挂车：复制失败

2007 年 6 月，中集集团收购荷兰博格工业（Burg Industries）。博格工业是欧洲主要的道路运输车辆和专用静态储罐的领先供应商之一，拥有包括 Burg、Burgers、LAG 等在内的知名品牌，并在荷兰、比利时、丹麦、芬兰和波兰设有分支机构。2011年3月,中集车辆对博格工业旗下运输车辆业务进行重组,在德国建立了Burg Silvergreen(以下简称BSG),生产高端半挂车。德国是欧洲腹地,同时也代表了产品和制造技术的最高水准,全球最好的半挂车制造商主要都是在德国生产。因此,对中集车辆来说,拿下德国也就意味着进入了欧洲这个必争之地。

中集车辆希望把Vanguard的模式复制到BSG,但欧洲大陆与美国的种种不同使得Vanguard模式难以复制,BSG项目于2014年宣告失败。失败的最主要原因之一是无法采用CKD运营模式,国内的原材料和生产都难以达到欧洲标准的要求,只能在欧洲当地采购,而欧洲的零部件加工组装分散在各地,物流运输成本大幅上升,导致总成本非常高。市场方面,欧洲更为保守,BSG这样的新品牌为市场所接受需要时间,销售局面的打开颇有难度。技术方面,为了避开技术专利壁垒,BSG建立了30多人的研发团队,但当品牌未能建立而订单又少时,公司的收入难以支撑技术研发费用。2014年,中集车辆将德国工厂出售,但保留了博格工业的LAG罐车资产。

BSG项目虽以失败告终,但对中集车辆的技术升级却起到了启示性作用。李贵平曾对媒体表示,中集车辆在国内获得的是一代或一代半的技术,在美国获得的是第二代技术,而在欧洲获得的是第三代技术。李贵平所说的第三代技术包括设计模块化、生产节拍化和柔性生产管理。通过BSG项目,中集车辆也意识到,从单一地点为整个欧洲大陆提供产品的模式不可行,为了覆盖整个欧洲市场,需要在欧洲设立多个"根据地"。

4 LAG罐车:反哺国内

LAG是原博格工业的子公司,位于比利时,是欧洲的老牌家族式企业,主营业务包括高端铝合金和不锈钢罐车的生产,以其优质产品享誉欧洲市场。

中集集团收购博格工业之初,有市场预测称,从2008年起的未来几年,国内、东南亚及澳洲的罐车市场需求将会有较大的增长。中集车辆旗下的扬州通华是国内罐车的领军企业,但其罐车生产线产能跟不上市场需求扩张的速度,生产技术和制造水平与欧洲标准存在差距,其产品还无法进入欧洲等高端市场。李贵平看到两者之间潜在的协同效应,开始推动双方的合作:将LAG低效率的制造业务转移到中国，提升产量；扬州通华得到欧洲的技术和工艺，实现高端市场的突破。但事与愿违，LAG人员担心生产转移到中国后自身"饭碗"难保，且对扬州通华的产品质量能否达到欧洲标准没有信心；而扬州通华则因为生产欧洲标准产品的工艺复杂、工时长，且欧洲市场订单少、利润薄，不愿接手欧洲罐车业务，宁可继续做国内市场，双方合作一度陷入停滞状态。

李贵平意识到，尽管两方同为中集车辆子公司，但不建立利益共享机制，很难达成充分共识。中集车辆协调两家公司，明确了交易规则，通过不断磨合，双方的合作逐渐步入正轨。2013—2015年，基于"欧洲设计、中国制造"的新型铝合金油罐车叩开了沙特市场的大门，并一举拿下超过50％的市场份额，成为该地区最大的罐车品牌。

在双方的合作中，LAG将欧洲标准的产品设计和制造工艺引入扬州通华，帮助其提升产品品质和能力，帮助其赢得沙特市场和利润；而扬州通华向LAG支付技术服务费，并利用本身制造方面的优势和10倍于LAG产能的生产规模，在跨洋制造方面助力LAG，使LAG成为中集车辆服务于西欧市场的核心企业。

5　SDC：欧洲市场拼图关键的一片

2016年6月，中集车辆收购了英国最大的半挂车生产商Retlan集团。该集团位于北爱尔兰，拥有SDC和MDF两家子公司，占有英国约80％的市场份额。被收购前，Retlan大部分股份由唐纳利持有，其家庭成员也持有部分股份。Retlan资产优质且保持着连年盈利纪录。公开资料显示，其子公司SDC 2015财年税前利润大涨近80％，集团2014财年税前利润更是接近翻番。

如此优质的企业为什么会选择出售？原来，唐纳利年事已高，即将退休，而家族继承人无心接管企业。既然不得不出售，那么在盈利时期出售是不错的选择，可以获得更好的价格。Retlan的业务与中集车辆高度吻合，且其在英国市场的优势地位刚好成为中集车辆布局北欧市场至关重要的一环。比利时的LAG，中集车辆2015年在波兰建立的CIMC Trailer Poland，加上SDC，形成三角架构，辐射整个欧洲市场。

收购后，Retlan的管理团队保持不变，继续负责公司的日常管理经营活动。SDC 原先主要的生产基地在北爱尔兰,主要销售则在英格兰完成,收购后逐渐将生产产能转移至英格兰,提升了公司毛利。2021 年,SDC 通过产线升级及推进产品模块化设计,进一步提高了英国市场占有率,其中,欧洲侧帘半挂车销量同比增长 134%,推高了 SDC 的业绩增长和盈利能力。SDC 还优化了制造流程和价值流,大大提高了生产效率。同时,中集车辆还推动了 SDC 公司治理的改善,SDC 成功转型后,利润创收购后新高。

从 2014 年起,中集车辆开始探索高端制造,打造"灯塔工厂"网络。所谓"灯塔工厂",是指实现了模块化、数字化、智能化生产的高端制造工厂。如今,中集车辆已在境内外建成 23 家"灯塔工厂",海外的"灯塔工厂"包括 CRT 北极熊制造工厂和冰川制造工厂,SDC 英国的 South Hampton 先锋制造工厂和 Mansfield 制造工厂,LAG 的荷兰 Pijnacker 先锋制造工厂等。

2018 年,为了应对逆全球化影响,中集车辆的经营理念从之前的"全球运营,地方智慧"转变为"跨洋经营,当地制造"。为了长久地植根于当地市场,中集车辆加大了在全球当地制造的投资力度,提高境外工厂的制造能力,深耕与孵化本地化品牌,增强公司在全球经济新常态下的发展韧性。

启发思考题

(1) Vanguard 模式复制到 BSG 为什么失败?

(2) 2018 年,中集车辆的经营理念从"全球运营,地方智慧"转变为"跨洋经营,当地制造",对其海外业务的发展有什么样的影响?

参考资料

[1] 艾伦. 中集车辆正式收购英国 SDC 挂车[EB/OL]. (2016 − 06 − 28)[2024 − 07 − 11]. https://mp. weixin. qq. com/s/5x1hKm69kRxQYOl7fYmcyQ.

[2] Canda. 中集车辆案例研究:物流半挂车帝国的"大航海时代"[EB/OL]. (2018 − 01 − 03)[2024 − 07 − 11]. https://mp. weixin. qq. com/s/hbQK17z3P-DVMKkZiJkcsg.

[3] GT. 对话李贵平:如何用本土智慧玩转全球运营?[EB/OL]. (2016 − 11 − 26)[2024 − 07 − 11]. https://mp. weixin. qq. com/s/U582uYpqombzPx6xOjTcag.

[4] 纪鹏飞. 发展 20 年:从行业新丁到全球领导者,中集车辆是如何崛起的?[EB/OL]. (2022 − 09 − 22)[2024 − 07 − 11]. https://mp. weixin. qq. com/s/wDnCnvtYJfYBQOXIIHnMXg.

[5] 纪鹏飞. 三次创业,短短 20 年中集车辆如何颠覆和改变专用车行业?[EB/OL].

（2023 - 12 - 08）[2024 - 07 - 11]. https：//mp. weixin. qq. com/s/klAtqiPANAn5ZG3t-8g-Jg.

［6］刘坤领. 后"脱欧时代"——中集车辆全球营运新格局[J]. 专用汽车,2016,10：46 - 48.

［7］每经网. 一季度净利润倍增、高端制造体系持续推进中集车辆 2023 年还有哪些新动作？[EB/OL]. （2023 - 04 - 27）[2024 - 07 - 11]. https：//www. nbd. com. cn/articles/2023-04-27/2791176. html.

［8］宁文祥. 浓缩全球智慧：中集冷藏半挂车的海内外拓展[J]. 专用汽车,2014,7：54 - 57.

［9］水手说. 中集车辆的并购整合术[EB/OL]. （2023 - 04 - 12）[2024 - 07 - 11]. https：//mp. weixin. qq. com/s/hgl6-_rdJJLTp29HzzNOng.

［10］Terence. 英国刚脱欧,中集集团就在英国做了笔价值 8 亿的大生意[EB/OL]. （2016 - 06 - 30）[2024 - 07 - 11]. https：//mp. weixin. qq. com/s/dbJQgcSsBT06EnHvCkHu3A.

［11］橦子. 继续扩展全球版图　中集车辆波兰公司开业[EB/OL]. （2015 - 11 - 19）[2024 - 07 - 11]. https：//mp. weixin. qq. com/s/NfPbxDLU9ZgfNZ8LxDP5Fg.

［12］项兵. 中集车辆"走出去"的中国之鉴[EB/OL]. （2013 - 12 - 27）[2024 - 07 - 11]. https：//www. ckgsb. edu. cn/about/article_detail/170/3263.

［13］新财富. 穿越周期,两大基本盘发力,中集车辆中期业绩大超预期[EB/OL]. （2021 - 09 - 01）[2024 - 07 - 11]. https：//mp. weixin. qq. com/s/7JO0sZVPJsyNXpXGqTk91w.

［14］袁巍. 技术革命：中集车辆灯塔工厂的探索与启示[EB/OL]. （2017 - 11 - 16）[2024 - 07 - 11]. https：//mp. weixin. qq. com/s/ds8abo8mfIBQC_-SKGF-Rg.

［15］中集车辆. 中集车辆（集团）股份有限公司 2023 年年度报告[R/OL]. （2024 - 03 - 01）[2024 - 07 - 11]. https：//www. cimcvehiclesgroup. com/upload/portal/20240323/8227/％E4％B8％AD％E9％9B％86％E8％BD％A6％E8％BE％86％EF％BC％9A2023％E5％B9％B4％E5％B9％B4％E5％BA％A6％E6％8A％A5％E5％91％8A. PDF.

［16］中集集团. 中集车辆的北美破局之路[EB/OL]. （2016 - 12 - 13）[2024 - 07 - 11]. https：//mp. weixin. qq. com/s/Urmy-ZCY1OGjpCBGGKax4A.

［17］周年成. 全球性的半挂车制造——CIMC 中国新建工厂为北美和欧洲提供冷藏车[J]. 专用汽车,2010,4：28 - 30.

金发科技：乘风破浪，扬帆出海
——中国企业全球化布局的探索与实践①

0 引言

随着中国经济社会的快速发展，改性塑料已成为支撑各行各业不可或缺的隐形材料基石，中国也跃升为全球最大的化工新材料生产国和消费国。回溯至20世纪90年代金发科技创立之初，中国高分子新材料领域主要依赖进口，自给率低，价格高昂，且面临产品认证难、替代难度大的困境。顺应时代发展潮流，金发科技敏锐地捕捉到家电行业相关塑胶产品国产化替代的市场机遇，在中国加入WTO后汽车市场蓬勃发展的背景下，金发科技开始与全球主流汽车主机厂合作，逐步奠定了其作为国内最大汽车高分子材料解决方案供应商的地位。2013年，随着绿色低碳趋势的兴起，金发科技展现出坚定的前瞻性布局，涉足生物降解材料、环保高性能材料等多维度的绿色材料产品领域。

回顾发展历程，金发科技创始人团队秉承艰苦奋斗、勇于开拓创新的精神，抓住了一波又一波的市场发展机遇。经过30年的稳健发展，金发科技如今已成长为全球化工新材料行业中产品种类最为齐全的企业之一，同时也是全球规模领先、产品种类最为齐全的改性塑料生产企业。2023年，其营收规模达到480亿元，研发生产基地遍布欧美、印度、马来西亚等国家和地区，销售网络覆

① 本案例由金发科技股份有限公司董事兼副总经理/上海交通大学安泰经济与管理学院DBA校友李南京、法国SKEMA商学院廖梦圆与上海交通大学安泰经济与管理学院万国华共同撰写。在写作过程中得到了案例企业的支持，并参考了现有公开信息及企业授权资料。该案例的目的是用来做课堂讨论的题材而非说明案例所述公司管理是否有效。

盖 130 个国家和地区。

1 金发科技的简要发展史

金发科技股份有限公司成立于 1993 年，是一家聚焦高性能化工新材料的研发、生产、销售和服务，为创造更加安全、舒适、便捷的人类生活提供全新的材料解决方案的新材料企业。公司致力于解决人类日益严峻的环境问题，积极应对来自全球生存环境变化带来的挑战，通过均衡经济、环境和社会的关系，推动人类生活环境的持续改善，实现可持续发展，创造美好生活。

金发科技总部位于广州科学城，旗下拥有 60 家子公司，在南亚、北美、欧洲等海外地区设有研发和生产基地。金发科技的主营业务为化工新材料的研发、生产和销售，主要产品包括改性塑料、环保高性能再生塑料、完全生物降解塑料、特种工程塑料、碳纤维及复合材料、轻烃及氢能源、聚丙烯树脂、苯乙烯类树脂和医疗健康高分子材料产品等 9 类，广泛应用于汽车、家用电器、电子电工、通信电子、新基建、新能源、现代农业、现代物流、轨道交通、航空航天、高端装备、医疗健康等行业，并与众多国内外知名企业建立了战略合作伙伴关系。

目前，公司是全球化工新材料行业产品种类最为齐全的企业之一，同时也是亚太地区规模最大、产品种类最为齐全的改性塑料生产企业。在完全生物降解塑料、特种工程塑料和碳纤维及复合材料领域，公司的产品技术及产品质量已达到国际先进水平。公司目前已形成以先进高分子材料为核心，上下游产业链协同创新、生产、服务、应用为一体的改性塑料、新材料、绿色石化、医疗健康高分子材料产品四大业务板块，通过继续加大技术创新投入，依托国际营销服务网络、卓越运营体系，保障公司业务高质量发展。

产品是企业竞争立足的根本，为保障产品的持续创新，金发科技秉承"自主创新、技术领先、产品卓越"的研发理念，依托国家认定企业技术中心、国家工程实验室、国家重点实验室和国家产业创新中心四个国家级技术研发平台，构建了具有战略意义的"13551"研发体系，逐步形成了"技术研究、行业研究、产品研究"三轮驱动的研发平台。

金发科技每年的研发投入占销售收入的 4.0%，2023 年金发科技研发费用达到 19.73 亿元人民币。公司秉承"共同奋斗，共同成长，共同致富"的理念，不断创新和持续完善人才激励机制,以适应企业发展的不同阶段。公司的价值分享理念吸引了大批优秀人才,目前金发科技研发团队由 167 名博士研究生和 1 130 名硕士研究生组成,并自主培养了 2 名广东省重点培养两院院士后备人选和 6 名国务院特殊津贴专家。

金发科技累计申请国内外专利共计 6 036 件,其中包含 4 394 件发明专利,761 件实用新型专利,35 件外观设计专利,552 件 PCT,294 件国外专利;获得国家科学技术进步奖二等奖 4 项、省部级科技进步一等奖 15 项、中国专利奖(优秀奖)19 项。

公司持续坚持"强化中间,夯实两端,创新引领,协同发展"的千亿战略发展方针,力争建成全球一流的研发、营销、制造和供应平台,实现公司战略目标,成为全球化工新材料领先企业,为国家战略性材料提供保障和支撑。

2 金发科技的出海 1.0

2.1 海外市场开发的初步尝试:印度市场的并购和欧美市场的试水

2008 年,世界金融危机促使中国企业认识到全球产业格局的调整和变化。随着国内市场环境的变化,如劳动力成本和土地成本的上升,以及中美贸易摩擦带来的关税成本压力,加之海外各国政府为刺激经济恢复,放宽外资进入限制,RCEP 的生效和"一带一路"倡议的推进,一系列宽松的宏观环境政策为中国企业的海外并购、海外市场扩展和投资活动创造了有利条件。在此背景下,众多中国企业,尤其是行业中的头部企业,开始实施全球化战略,布局海外,进行并购或建厂,并积极寻求海外市场机会。

2008 年是金发科技成立 15 周年,在上交所上市仅 5 年,公司已成为中国改性塑料行业的领导者,销量遥遥领先,其全球化战略的思考启蒙也正是在 2008 年的世界金融危机后。面对全球化的浪潮,金发科技深知国内市场虽大,但外面的世界更加广阔,机会与挑战并存。只有勇敢地走出国门,才能拥抱更加辉煌的未来,与国际行业巨头共舞,展现真英雄的本色。

从 2008 年至 2013 年,金发科技将海外扩展的市场多元化战略落实到实际行动中。公司进行了海外考察、市场调研,并派出一支支精锐团队,足迹遍布五大洲四大洋。他们在当地设立办事处,招募销售人员,积极参加行业展会和商业对接活动,不断提升品牌影响力。最终,在 2013 年成功完成了对印度一家新材料上市公司的收购,迈出了国际化的第一步。

随后,金发科技从集团总部派遣管理人员进驻印度公司管理层,并坚持以市场为导向的核心发展思想,通过管理团队的艰苦奋斗,3 个 20 岁出头的年轻管理干部仅用 1 年时间就实现了公司扭亏为盈的奇迹。2018 年,印度金发也发展成为印度当地最大的改性塑料企业。

此外,自 2015 年开始,金发科技积极试水欧美市场,经过 1 年的筹划与建设,2016 年在美国成立了美国金发分公司。初到美国时,管理团队满怀期待,希望利用国内的技术经验大展拳脚。然而,全新的探索带来了一系列挑战,从租房、买车、租办公室到找客户、招聘员工,每一步都是新的开始。通过当地商会、协会和华人组织的帮助,美国金发逐渐打开了一个个目标客户的大门。2016 年 3 月,第一条双螺杆挤出机生产线顺利投产,标志着美国金发工厂的正式启用。同年 6 月,时任广东省委书记的胡春华还到访美国金发工厂视察。

金发科技用实际行动证明:走出去是时代赋予的使命,更是企业发展的必由之路。经过近 10 年的全球化布局,金发科技已在印度、美国、欧洲、马来西亚等地建立了集生产、研发、营销为一体的海外分子公司。得益于创始人团队的决策魄力和勇气,金发科技前瞻性的国际化布局带来的本地供应和本地服务,有效应对了近年来国际局势的动荡和制造业产业链回流的问题,显著提升了自身品牌的国际影响力。新冠疫情后,海外工厂的稼动率①稳步提升,接单数量持续增加,加速了海外行业领先品牌商对金发科技海外生产基地产品和服务的认可。

在出海的第一阶段,金发科技取得了显著成就:2021—2023 年,海外销量增长超过 7 万吨,增幅接近 37%;同时,新挖掘及成交的海外客户数量再创新高,超过 8 000 家,实现了海外客户数量 20% 的增长,直接和间接地提升了在世界 500 强客户中的市场份额。

作为改性塑料行业的领军企业,金发科技在国内面临着来自中小型企业的成本与效率竞争。为满足客户本地化供应的需求,它坚定布局海外市场,抢占市场份额,为客户提供最贴心、最专业的近地化技术服务,最终实现了产品、产能及品牌的全面国际化拓展。

---

① 指机器设备实际的生产数量与计划生产数量的比值。

2.2 困难重重,如何"绝处逢生"

中国制造业企业在考虑出海时,首要的思想准备是认识到真正成功出海的案例并不多。出海过程中,企业需要全面考虑诸多关键问题,但核心在于明确出海的目的与定位,并找到解决中国企业出海普遍面临痛点的策略。初入海外市场,企业往往感觉商机遍地,但深入了解后会发现,许多海外国家虽立法高标准,却选择性执法,导致各项成本增加。这使企业意识到,在海外,很多事情需要循序渐进,投入更多时间来理解与中国截然不同的商业规则,才能站稳脚跟。

海外基地的运营面临着诸多不可控因素。在经营过程中,美国金发经历了中美贸易摩擦、新冠疫情和北美供应链危机等一系列挑战,每一次都险些危及工厂运营,但最终都化险为夷。特别是在 2020 年新冠疫情期间,由于医疗物资匮乏和政策原因造成生产中断,金发科技凭借集团总部生产口罩等医疗防疫物资的优势,优先将相关物资运送到美国仓库,帮助客户顺利开展内部运营。同时,基于本土化的贴身服务优势,金发科技加大了与客户交流的频次,争取到了更多项目对材料的认可和市场机会。2022 年,得克萨斯州遭遇暴风雪极端天气,引发了严重的供应链危机。美国金发市场部迅速识别到商机,紧急与集团总部及其他海外基地协作,不仅保障了客户的供应,还争取到了大量的新订单,进一步增强了客户对金发科技的供应信赖。经过不懈的努力,美国金发从 2016 年成立之初的年销售量不到 4 000 吨,到 2023 年实现了近 2 万吨的销售规模,增长了近 4 倍。

文化冲突是海外建厂运营过程中的一大障碍。企业须充分尊重当地员工、善用人才,促进外派领导骨干与当地招聘员工的深度融合,实现相互包容与通力合作。一位能够胜任海外业务开拓与增长的管理者,必须学会充分借鉴集团总部优秀的精益化运营经验,将其学习、注入并渗透到海外基地的运营理念之中。特别是在应对全球供应链风险的实质议题上,需通过精益化运营带来的数字化沉淀,增强风险预警和响应能力,提高供应链协同性,优化库存管理,促进供应链透明化。最终目标是实现海外基地与集团总部基地一体化的管理,提升海外基地的科学化运营能力。

印度金发成立后,经过几年的运营情况盘点,于 2017 年推广上线了 ERP系统,实现了印度基地信息化从 0 到 1 的突破,使产供销财业务得到了系统支持，集团也实现了统一业务管控。欧洲金发自2016年成立后，也迅速部署上线了ERP的四大模块，包括物料管理、财务管理、销售管理和生产管理。随着海外业务的飞速扩展，集团对欧洲基地的运营及其与总部及各分基地的协同提出了更高要求。为此，2024年公司启动了针对欧洲金发的产供销财协同优化项目，对已有系统进行优化升级，全面梳理业务流程，提升财务、物流、采购、销售、生产等各节点的协同效率。这将有助于加强欧洲金发的管理，并促进集团各中心整体业务的统一经营管理。

总体而言，中国企业出海面临着诸多挑战，包括复杂多变的国家/地区政策、法律法规、文化差异、管理难题以及供应链韧性差等，因此，企业在出海前必须做好充分的思想准备和战略规划。

2.3 金发科技成功的关键因素

2.3.1 系统性创新

创新被金发科技视为核心动力。30余年来，金发科技科研成果斐然，走出了一条颇具金发特色的"以市场为导向，以企业为主体，产学研相结合"的自主创新之路。

金发科技的研发布局其实是长期、中期、短期相结合，在金发的中央研究院下设有前瞻技术研究院，围绕未来5～10年甚至更长远时间的一些技术进行突破；还有多个共性技术研究所，如低气味研究所、界面技术研究所、阻燃技术研究所、材料寿命周期研究所等，通过这些共性技术突破为产品升级迭代做好支撑；而在应用端，金发科技多年来已经积累了众多技术解决方案，可以灵活、快速、精准地响应客户的定制化开发要求，响应周期最快可达7～10天。

坚持技术突破的重要性还体现为在高精尖材料领域打破外国企业对中国的"卡脖子"。过去几年，金发科技不仅在生物降解材料领域赢得了与世界大厂的专利官司，还牵头组建了多个产业创新中心、重点实验室，突破了制约产业发展"卡脖子"的核心设备、核心元器件及核心材料，不仅为中国材料产业的发展夯实了基础，更为未来在全球市场竞争做好了准备。

2.3.2 定制化销售

自从创业以来，金发科技就坚持直销，探索出以研发为抓手的定制化市场营销模式。由于常年坚持直销,全球 500 强企业以及它们的一级供应商和二级供应商都是金发的合作伙伴。过去 30 年,金发已经积累并掌握了一张范围广且强有力的销售网络,为未来与国际化工巨头竞争打下了基础。定制化销售也是金发科技未来面对全球市场竞争时的差异化战略。金发科技在发展过程中一直对标国际化工巨头,但从商业模式来看,金发科技是聚焦客户需求和应用,推出定制化产品。随着经济的发展,社会各界定制化需求显著增长,金发科技的市场优势更加突出。

2.3.3　活力型组织

在创业之初,创始人袁志敏就提出把股份分给核心团队,他认为"与其要一个小蛋糕的全部,还不如要一个大蛋糕的一小部分",通过股权激励让核心团队成为公司的主人,才能一起把蛋糕做大。从此,价值分享的理念在金发科技落地生根,"以价值创造者为本"成为其核心价值观。

金发科技组织的活力体现在三个方面。第一,核心管理团队的定期有序更迭。创始人从 2001 年起就不再担任公司总经理,在组织发展壮大的过程中,让越来越多的专业年轻人才走上核心管理岗位。第二,金发科技多年来坚持自主招聘和自主培养核心人才。许多员工都是大学毕业后以应届生的身份加入金发,材料领域的优秀人才早早就被金发科技关注到。公司还设计了技术和管理两条晋升通道,以及完整的"雏鹰""飞鹰""雄鹰"等人才培养计划,以确保这些生力军能够快速成长。第三,在日常工作中,金发科技提倡"吵"的文化。金发科技鼓励所有员工都敢于表达自己的看法,敢"吵"敢言,最好能"吵"出共识,如果不能,再少数服从多数。所有人都参与并理解决策过程,决策一旦做出,大家便能坚定地执行。

3　金发科技的出海 2.0

3.1　新形势下的海外市场开发需求:越南、波兰和墨西哥

近年来,面对外部市场环境与企业内部管理的不断变化,地区冲突、市场波动、运营挑战、政治法律风险以及金融因素,共同构成了全球化供应链面临的复

杂风险。以海运费为例,其在疫情期间经历了剧烈波动,一度飙升至 2.2 万美元/40ft 的高位,而红海冲突导致的货轮击沉事件再次引发了海运费的大幅上涨。在此背景下,金发科技果断采取了一系列有步骤的海外扩张战略,旨在强化其全球竞争力和供应链稳定性。

金发科技深刻认识到,单一依赖国内市场已难以满足企业持续发展的需求,特别是在全球贸易环境不确定性日益加剧的情况下,拓展海外市场成为其分散风险、提升竞争力的重要途径。

进入出海 2.0 时代,金发科技在全球化战略的基础上,更是加速了国际化进程,致力于构建本地化的"1+N"市场服务网络,将海外子公司打造成为所在区域具有强大影响力的新材料企业。这一战略举措使公司能够更紧密地贴近当地市场,更精准地满足客户需求,进而提升服务质量和效率。

金发科技积极在其他海外国家进行基地建设布局。2023 年,公司在越南注册成立了全资子公司——越南金发科技有限公司,该基地的投产标志着金发科技在第二次国际化进程中迈出了重要一步。该基地规划总产能预计达 60 万吨/年,将大幅提升金发科技在东南亚地区的生产能力和市场占有率。

此外,金发科技还计划加快波兰、墨西哥等海外基地的产能建设,以进一步巩固其在全球市场的地位。预计到 2030 年,金发科技的海外产能规划将达到 180 万吨,足以覆盖其未来海外销量的战略目标。同时,海外基地的产能将更好地辐射周边国家的销售订单,将国内基地近地化、贴身服务的业务模式成功复制到海外市场。

3.2 金发科技国际化战略及实施

国际化是企业谋求长远发展的必然选择。经济的高速发展带来了对能源、技术、人才、市场的巨大需求,而面临大国关系、经济放缓等外部环境冲击,中国企业发展方向的不确定性、发展路径的不连续性明显增强。在日趋饱和的国内市场空间以及持续激烈的行业竞争之下,金发科技等龙头企业均面临业务发展的瓶颈及挑战,并将目光投向海外市场,使之成为新的增长路径。

金发科技围绕"就近生产、贴身服务、覆盖全国、辐射全球"的工作理念,近年来大力推行国际化战略,加大力度拓展国外市场,深化全球战略布局,优化全球供应链体系,有效提升了全球化运营能力。美国金发、欧洲金发、印度金发、马来西亚金发等海外基地经营成果显著,市场份额稳步提升。2023 年全年,海外基地实现产成品销量 18.03 万吨,同比增长 14.04%。此外,公司还制定了"1438"战略:计划到 2050 年,成为全球化工新材料的 No.1;海外营业收入占比超过 40%;生物基材料销量占比超过 30%;全球营收超过 8 000 亿元。未来,金发科技将持续深化全球化布局,站在更广阔的舞台对话世界。

具体而言,金发科技的国际化战略包括国际化营销、国际化创新、国际化人才等方面。

3.2.1 国际化营销

公司秉承"订单就是命令,合同就是老大"的经营理念,围绕客户需求,打造全球协同的服务网络,逐步形成区域、大客户、行业三位一体的营销体系,为全球核心客户搭建大客户经理、区域经理、行业经理"三位一体"的营销服务体系:以区域位置为出发点,秉承快速响应的服务理念,第一时间回应客户需求;以客户需求为出发点,实施精细化管理,深入研究客户诉求,为客户提供整体解决方案;以行业需求为出发点,营销行业经理协同技术行业专家研究行业发展方向和需求,为行业提供整体解决方案。

金发科技国际化营销模式不仅可以加强内部沟通和协作,更能构建起多维度的立体服务体系,发挥产品开发、材料供应、技术协作等诸多方面的竞争优势,从而推动了公司与合作伙伴协同发展。

3.2.2 国际化创新

金发科技建设基于全球协同的"13551"研发体系(1 个中央研究院、3 个国际研发中心、5 个分技术中心、5 个化工新材料孵化基地和 1 个产学研协同创新中心),在"十三五"的政策支持背景下,以改性塑料研发为突破口,着力增强科技创新能力,通过对各个环节进行高质化、绿色化、智能化的技术创新,主动开展技术升级,提高资源利用效率,提升公司的整体竞争力。

公司跨越各领域、各行业、各区域进行协同发展。公司组织建设国家产业创新中心,加强产学研合作技术创新联盟,整合已有创新平台资源,打造以增加客户价值的商业模式为牵引,以中央研究院研发平台建设为中心,以 3 个国际研发中心(美国金发、欧洲金发、印度金发)、5 个国内分技术中心和 5 个化工新材料孵化基地为支点,以世界一流的创新人才和团队为基础,以系统化、专业化、效益化的全球协同工作体系为保障的具有金发特色的创新联合舰队，引领行业共同发展。

3.2.3 国际化人才

公司的高质量发展和品牌出海急需大量国际化人才作为基础支撑，在人才培养方面，金发科技正在实施"2030 年创新领军人才 211 工程"，计划在全球合作与引进 20 个创新科研团队，招聘 100 名高层次人才和 1 000 名博士。据此，金发科技集团人力资源部提出了"2025—2030 国际化人才梯队建设规划"，计划在 2025 年形成 250 人的国际化人才团队，到 2030 年形成 600～800 人的国际化人才团队，涵盖营销、技术、制造、供应链、财务、人力、信息、标准化等方面。

金发科技海外储备人才规划包括三大系列：一级储备海外精鹰（常驻）；二级储备海外特种部队（出差）；三级储备海外战略预备队。金发科技"雏鹰国际班"项目于 2022 年启动，运营已有 3 年。国际班旨在建立国际化人才新人梯队，外派海外支持的特种机动骨干和外派常驻海外精英储备人才，服务于集团的国际化战略。

4 未来的展望和挑战

2024 年是金发科技迈入出海 2.0 时代的关键一年。为全力推进公司的全球化战略，公司设定了中长期的海外销量增长目标，明确了在世界 500 强客户中的市场份额占比目标，并全面规划了海外基地产能升级的布局。近年来，国际局势波谲云诡，地缘政治影响深远，多国制造业出现回流趋势。然而，这正是金发科技前瞻性国际化布局所带来的机遇。金发科技早已在海外建立生产基地，实现本地供应与服务，如今不仅海外工厂的订单量激增，也加速了这些 500 强企业对其海外生产基地产品与服务的认可进程。

目前，金发科技正积极推进第二轮出海战略，加速越南、波兰和墨西哥等地的海外工厂建设，以实现灵活的供应链管理体系和本土化供应。新一轮出海旨在在海外建立大规模产能，同时携手上游供应链合作伙伴共同出海，联合作战，提高对当地客户的响应速度和服务效率，进一步提升金发科技在全球市场的竞争力，抢占海外市场制高点，增强市场渗透力并扩大市场份额。

回首过去,金发科技在首轮出海中步伐坚定,成果斐然。然而,如何将出海探索转化为高质量参与新一轮全球化竞争,真正实现全球化布局与本地化经验相结合? 未来的出海之路仍任重道远,需要进一步的深思熟虑。让我们共同期待金发科技以战略自信、企业文化自信、团队自信以及高质量的产品自信,驰骋在国际新材料竞争舞台上,愈战愈勇,越飞越高。

启发思考题

结合金发科技出海的经历,试分析中国改性塑料行业走出国门可以吸取的经验和启示。

盛剑科技：中国高科技产业领先的绿色科技服务商^①

0 引言

在全球经济一体化和绿色低碳发展成为全球共识的今天，企业的国际化战略成为其持续发展的重要驱动力。作为中国高科技产业知名的绿色科技服务商，上海盛剑科技股份有限公司（以下简称"盛剑科技"）在深耕国内市场的同时，积极拓展海外市场，通过一系列前瞻性的布局和策略，构建起了"国内＋海外"双轮驱动的业务格局。

1 盛剑科技的发展历程

盛剑科技，是中国高科技产业重要的绿色科技服务商，专注于为半导体产业提供绿色科技服务。公司主营业务涵盖绿色厂务系统解决方案、半导体附属装备及核心零部件、电子化学品材料等领域，服务范围包括集成电路、半导体显示、新能源等高科技产业。

盛剑科技在绿色科技服务领域具有显著影响力，公司凭借强大的技术实力

---

① 本案例由上海交通大学安泰经济与管理学院深圳行业研究院王鸿鹭撰写。在写作过程中得到了案例企业的支持，并参考了现有公开信息及企业授权资料。该案例的目的是用来做课堂讨论的题材而非说明案例所述公司管理是否有效。

和丰富的市场经验,在半导体工艺废气治理领域树立了行业标杆,赢得了众多知名企业的信赖与合作。

盛剑科技的发展历程可以大致分为三个阶段。

1.1 初创期(2005—2011 年)

盛剑科技创立于 2005 年,创立之初名为:上海盛剑通风管道有限公司。初期主要面向大型场馆、楼宇等提供暖通设备,服务于房地产行业。这一时期,公司凭借敏锐的市场洞察力和扎实的技术实力,逐步在市场中站稳脚跟。

在 2011 年,公司获得了 FM Approvals 认证,为国内较早获得该认证的企业。这一里程碑式的成就不仅为公司打开了集成电路、半导体显示等领域工艺废气治理的市场大门,更为公司的后续发展奠定了坚实的基础。

1.2 成长期(2012—2016 年)

进入成长期后,盛剑科技专注于半导体显示领域的废气治理业务。通过不断的技术创新和市场拓展,公司迅速在行业内崭露头角,并成功占据了头部的位置。

这一时期,公司积累了丰富的技术、团队和项目经验,为后期进入集成电路废气治理市场打下了坚实的基础。同时,公司还开始积极布局全国市场,为未来的发展奠定了良好的基础。

1.3 扩展期(2017 年至今)

自 2017 年起,盛剑科技开始进入快速发展阶段。公司不仅继续巩固在半导体显示领域的市场地位,还积极拓展半导体领域业务,并专注于电子化学品材料研发。通过不断的技术创新和产品升级,公司逐渐形成了一体化的绿色厂务系统解决方案。近年来,盛剑科技与北方华创、中芯国际等国内头部企业建立了战略合作关系,进一步提升了公司的市场竞争力。

同时,公司还积极响应国家号召,推进半导体附属装备及核心零部件国产化进程。在废气治理设备、真空设备、温控设备等关键领域取得了显著进展,提高了供应链的安全性和自主可控性。

2 主要产品与业务

公司专注于为高科技制造产业提供绿色科技服务，以"致力于美好环境"为企业使命，持续秉持"行业延伸＋产品延伸"的发展方针，锚定"为科技企业提供绿色服务，为绿色企业提供科技产品"的战略定位，已形成"绿色厂务系统解决方案、半导体附属装备及核心零部件、电子化学品材料"主营业务三驾马车。

公司在集成电路、半导体显示、新能源等高科技制造产业绿色科技服务领域具有领先的竞争优势和自主创新能力，拥有多项自主研发的核心技术成果。产品和服务主要包括绿色厂务系统解决方案、装备及核心零部件类产品、电子化学品材料等：绿色厂务系统解决方案包括半导体工艺废气系统解决方案、化学品供应与回收系统解决方案等；装备及核心零部件类产品包括半导体附属装备及核心零部件（包括 Local Scrubber、Local VOC、真空设备、温控设备等）、工艺排气管道、中央废气治理设备等；电子化学品材料主要包括光刻胶剥离液、蚀刻液、清洗液等。

2.1 绿色厂务系统解决方案

绿色厂务系统解决方案是盛剑科技为高科技制造企业提供的一站式服务方案。该系统涵盖了废气治理、化学品供应回收、真空设备、温控设备等多个方面，通过集成化的设计和管理实现了生产过程的绿色化、智能化和高效化。该系统有助于客户降低生产成本、提升生产效率并实现可持续发展目标。

2.2 装备及核心零部件

装备及核心零部件类产品包括半导体附属装备及核心零部件、工艺排气管道、中央废气治理设备等。这些装备包括 Local Scrubber、Local VOC 处理设备、真空设备和温控设备等小型化设备。这些设备更贴近工艺端，能够有效处理特定区域的废气，并通过物联网技术实现数据实时监控。公司通过不断优化产品设计和提升制造工艺水平,确保了附属装备及零部件的性能和质量。同时,公司还提供了完善的售后服务和配件供应服务,确保客户在使用过程中能够得到及时的支持和保障。

2.3　电子化学品材料

公司大力布局电子化学品材料业务。基于公司化学品供应与回收系统解决方案技术的积淀,公司在发展电子化学品材料业务方面具备自己的竞争优势,如长期积累的半导体客户渠道资源丰富,并在循环回收工艺和项目经验方面有先发优势,为开展电子化学品材料研发制造奠定了坚实的基础。公司内部已组建研发团队,在上海化学工业区设立了实验室和生产线,进行相关电子化学品材料的研发、制备工作;以开放的姿态寻求与外部优秀技术、产业资源力量加强合作,引进国际先进的光刻胶剥离液和蚀刻液技术。主要规划产品聚焦于剥离液、蚀刻液、清洗液等。下游应用领域包括集成电路、半导体显示等,主要用于显影、蚀刻、清洗等制造工艺。此外,公司将半导体领域积累的先进技术、项目经验拓展应用至烟气净化、非半导体行业 VOCs 减排等领域的系统、关键设备、零部件及原材料研制。

3　国内布局及发展

盛剑科技在市场布局方面采取了多元化的发展战略,旨在通过国内和海外市场的协同发展实现企业的全球化布局。盛剑科技明确将自身定位为中国高科技产业中领先的绿色科技服务商,业务重心聚焦于新能源、半导体显示(面板)、集成电路(芯片或半导体或 IC)等高科技制造领域。

为深度服务于上述领域的客户并提升快速响应能力,盛剑科技已在全国范围内布局了多个运营与服务中心。具体而言,位于北京的运营中心,主要负责内蒙古、北京、天津等地的业务,这些地区汇聚了北方华创、京东方等知名企业。

在华中、华东地区,盛剑科技于湖北孝感建立了大型制造基地,该基地不仅覆盖华中,还辐射至西南及华南。此外,位于合肥的电子材料研发制造基地,正专注于光刻胶剥离液、蚀刻液、清洗液等产品的研发。

盛剑科技上海嘉定总部为办公与研发中心所在地，同时，在上海电子化学品专区设立了试验线，专注于研发光刻胶剥离液、蚀刻液等电子化学品材料。

在华南地区，盛剑科技于 2024 年上半年投产了一个规模庞大的制造中心，以服务于该地区的客户。近年来，国内相关行业龙头企业大量投资于晶圆厂和封测厂的建设，这些工厂绝大多数都需要采用盛剑科技提供的工艺设备系统。关于华南地区的服务拓展，盛剑科技着眼于长远发展，计划在新加坡及东南亚地区开拓市场和订单。一旦取得突破性进展，将通过海运方式，将产品运送至这些地区。目前，在新加坡及东南亚地区，盛剑科技倾向于采用轻资产模式进行运营，以期实现更高效的资源配置和市场拓展。

4 海外发展战略

随着全球化趋势的加速推进，盛剑科技不断加大国际化投入以实现更加广泛的市场覆盖和更高的品牌价值。

4.1 战略布局

4.1.1 战略定位

盛剑科技锚定"为科技企业提供绿色服务，为绿色企业提供科技产品"的战略定位，致力于成为全球领先的高科技产业绿色科技服务商。盛剑科技积极响应"一带一路"倡议和全球化发展战略，积极推进国际化进程。在海外布局方面，公司秉持国际化思维，以新加坡为起点，逐步向全球拓展，旨在为全球高科技产业提供优质的绿色科技服务。

4.1.2 海外总部设立

盛剑科技于 2023 年 1 月在新加坡设立了海外总部——ShengJian Technology Pte. Ltd.，这一举措标志着公司正式构建起了"国内＋海外"双轮驱动的业务布局。新加坡作为东南亚地区的经济中心，具有优越的地理位置和商业环境，为盛剑科技提供了便捷的海外运营平台。盛剑科技以新加坡为海外中心，向马来西亚、泰国、越南等东南亚市场拓展。同时，盛剑科技还计划远期在新加坡组建研发团队和实验室，进一步提升公司的技术实力和市场竞争力。

新加坡总部的设立不仅有助于公司更好地服务海外客户，还为公司提供了海外供应链管理、市场营销、产品研发、投资管理的桥头堡，进一步推动了公司的国际化进程。

4.1.3　跟随客户出海

盛剑科技紧跟客户步伐，特别是跟随头部客户出海，积极开辟新的市场空间。公司通过与这些客户的紧密合作，深入了解当地的市场需求，并提供定制化的绿色科技服务解决方案。这种跟随策略不仅有助于公司快速适应海外市场环境，而且能让公司迅速建立市场口碑和品牌影响力。

4.1.4　参加国际展会

盛剑科技积极参加国际知名展会，如 SEMICON Southeast Asia 等，通过展会平台展示公司的先进技术和产品，并与国际客户、行业专家进行深入交流，促进了技术交流和商业合作。同时，参加国际展会也提升了公司在国际市场上的知名度和影响力，为公司拓展海外市场奠定了坚实的基础。

4.2　海外业务

4.2.1　市场拓展与项目中标

盛剑科技在海外市场的拓展取得了显著成果。公司成功中标多个海外项目，如马来西亚隆基酸碱设备采购合同、东南亚某知名半导体企业废气处理系统等。这些项目的中标不仅体现了公司在海外市场的技术实力和服务能力，也进一步巩固了公司在全球绿色科技服务领域的市场地位。

4.2.2　客户关系与合作伙伴

盛剑科技在深耕海外市场的过程中，与众多知名企业建立了稳定的合作关系。这些客户涵盖集成电路、半导体显示、新能源等多个领域。公司通过与这些客户的紧密合作，深入了解当地市场需求和行业趋势，不断优化服务方案和产品性能，提升客户满意度和忠诚度。

4.2.3　技术创新与产品研发

盛剑科技在拓展海外市场的过程中，注重技术创新和产品研发。公司根据海外市场的特殊需求和行业标准，定制化研发了一系列绿色科技产品和服务方案。这些技术创新和产品研发不仅提升了公司在海外市场的竞争力，也为公司赢得了更多的市场份额和客户的信赖。

4.3　海外投入与资源配置

4.3.1　研发投入

盛剑科技将加大在海外市场的研发投入，推动产品和技术创新。公司在新加坡总部设立了研发中心，引进和培养了一批国际化人才，为海外市场的拓展提供了强有力的技术支持。同时，公司还积极与国际知名企业和科研机构开展合作，共同推动绿色科技产业的发展和进步。

4.3.2　市场营销投入

为了更好地开拓海外市场，盛剑科技在市场营销方面也进行了相应的投入。公司通过多种渠道和方式推广公司的产品和服务，提升品牌知名度和美誉度。例如，公司在海外市场举办了多场产品发布会和技术交流会，邀请当地客户和合作伙伴参加；同时，公司还加强了与海外媒体的合作，通过新闻报道和广告宣传等方式提升品牌形象和市场影响力。

4.3.3　生产和服务基地建设

尽管目前盛剑科技尚未在海外直接建立大规模的生产基地，但公司已将这一计划纳入未来发展规划之中。随着海外市场的不断拓展和业务规模的持续扩大，公司计划在东南亚、欧洲等关键市场区域投资建设生产和服务基地，以进一步贴近客户需求，提高服务响应速度，并优化供应链管理。

这些海外生产和服务基地不仅将承担产品制造任务，还将作为技术支持、售后服务和客户培训的中心,为当地及周边地区的客户提供更加全面、便捷的服务。通过构建完善的生产和服务网络,盛剑科技将进一步提升其在全球绿色科技服务领域的竞争力。

4.3.4 人力资源配置

人才是企业发展的核心资源。为了支撑海外业务的快速发展,盛剑科技注重国际化人才的引进和培养。公司在新加坡总部及海外分支机构设立了专门的人力资源部门,负责招聘、培训和管理当地及国际人才。通过提供具有竞争力的薪酬福利和职业发展机会,公司吸引了不少具有丰富经验和专业技能的国际化人才加入。此外,盛剑科技还加强了内部员工的国际化培训,提升员工的跨文化沟通能力和国际化视野。通过构建多元化、高素质的人才队伍,盛剑科技为海外业务的成功开展提供了稳定的人才保障。

4.3.5 可持续发展与ESG[①]

盛剑科技的业务模式在本质上与ESG理念高度契合,致力于推动高科技产业向绿色、可持续的转型迈进。

4.3.5.1 节能减排

盛剑科技凭借其在真空技术领域的深厚积累,成功研发出一系列高效节能的真空设备。这些设备通过采用优化设计和先进的节能技术,能够显著降低客户在生产过程中的能源消耗。

在循环经济方面,盛剑科技同样展现出卓越的创新力。公司开发的化学品供应回收系统,实现了化学品的高效循环利用,有效减少了生产过程中的废弃物排放。这一系统不仅体现了"变废为宝"的低碳理念,还为客户带来了显著的经济效益,实现了环境与经济的双赢。

4.3.5.2 ESG交流与影响力提升

盛剑科技深知ESG理念在推动企业可持续发展中的重要性,因此积极投身于ESG相关的交流与推广活动。2023年5月,公司在新加坡成功举办了ESG交流会,吸引了众多人士的参与。此次交流会不仅加深了业界对ESG理念的理解与认识,还进一步提升了盛剑科技在绿色制造领域的行业影响力,为

---

① ESG即环境、社会及治理的英文缩写。

其后续在 ESG 领域的深入探索与实践奠定了坚实的基础。

盛剑科技通过节能减排、循环经济以及 ESG 交流等多方面的努力,不仅践行了企业自身的社会责任,更为高科技产业的绿色转型树立了典范。

综合所述,盛剑科技在海外布局方面展现了积极的国际化战略视野和务实的行动。通过设立海外总部、跟随客户出海、参加国际展会等多种方式不断拓展海外市场;同时,加大在研发、市场营销等方面的投入力度,为海外市场的拓展提供有力保障。未来,随着公司国际化战略的深入实施和市场环境的不断变化,盛剑科技在全球绿色科技服务领域的地位将不断巩固和提升,为全球高科技产业的绿色转型和可持续发展做出更大的贡献。

5 技术研发与合作

盛剑科技始终将技术研发视为企业发展的核心驱动力,坚定不移地走创新驱动发展的道路。公司通过持续不断的技术创新和产品升级,不仅显著提升了自身的核心竞争力和市场占有率,还为客户提供了更加高效、环保的绿色科技解决方案。为了保持技术领先地位,盛剑科技积极寻求与国际知名企业的合作,旨在引进先进技术和管理经验,推动企业的快速发展。

在国际技术合作方面,盛剑科技与多家国际知名企业建立了长期稳定的合作关系,这些合作不仅为公司带来了显著的技术提升和管理优化,还为公司开拓国际市场提供了有力支持。

5.1 与索尔维的合作

索尔维作为全球领先的化学品供应商之一,在涂料等领域拥有卓越的技术和产品。盛剑科技与索尔维建立了紧密的合作关系,通过引进索尔维的高质量涂料等产品,不仅确保了公司设备的质量和性能达到国际先进水平,还极大地改善了客户的使用体验。这一合作不仅提升了盛剑科技产品的竞争力,还为公司赢得了更多客户的信任和好评。

5.2 与日本长濑的合作

日本长濑是世界知名的电子化学品龙头企业之一,在光刻胶剥离液等电子化学品领域具有深厚的研发实力和丰富的市场经验。盛剑科技与日本长濑在电子化学品领域进行了深入的联合开发合作,共同攻克了一系列技术难题,取得了显著的研发成果。这一合作不仅提升了盛剑科技在电子化学品领域的研发实力,还为公司未来的发展奠定了坚实的基础,为拓展更广阔的市场提供了有力保障。

通过与索尔维和日本长濑等国际知名企业的合作,盛剑科技不仅引进了先进的技术和管理经验,还开拓了国际市场,提升了品牌影响力。未来,盛剑科技将继续加强与国际知名企业的合作,不断推动技术创新和产品升级,为客户提供更加优质、高效的绿色科技解决方案,致力于成为全球领先的绿色科技公司。

6 国产化进程与供应链安全

盛剑科技在半导体产业链的国产化进程中扮演着积极且关键的角色,具体体现在以下几个方面。

6.1 关键设备的国产化推进

盛剑科技深刻认识到国产化对于半导体产业链安全与稳定的重要性,因此,公司致力于将中央废气处理系统的先进技术应用于小型化设备的研发中。通过深入探索与实践,公司成功开发出了 Local Scrubber、Local VOC 等一系列更加贴近工艺端需求的小型化设备。这些设备的问世,不仅提升了废气处理的效率与精度,更在技术上实现了突破,为公司产品线的纵向扩展奠定了坚实的基础。

在此基础上,盛剑科技凭借对废气处理过程的深入理解与把握,进一步延伸开发了真空设备和温控设备等关键产品。这些产品的成功研发,不仅填补了国内高端市场的空白,更在技术上实现了对国际先进水平的追赶与超越,有助于提高我国半导体产业链的自主可控水平,为产业链的稳健发展提供了有力保障。

6.2 电子化学品材料的国产化替代

基于对客户需求的深入洞察与把握,盛剑科技敏锐地意识到电子化学品材料在半导体生产中的重要性及其国产化替代的紧迫性。因此,公司开始自主研发生产光刻胶剥离液、蚀刻液等关键电子化学品材料。通过不断的技术攻关与优化,公司成功研发出了性能优异、质量稳定的光刻胶剥离液和蚀刻液等产品,有效降低了客户对进口产品的依赖,为半导体产业的国产化进程注入了新的活力。

6.3 保障客户生产与提升产业链价值

盛剑科技深知废气处理系统和设备对于保障客户产品良率和生产稳定性至关重要。因此,公司始终将客户的需求放在首位,不断提升废气处理系统和设备的性能与质量,确保客户在生产过程中能够享受到稳定、高效的废气处理服务。同时,公司还积极与客户沟通合作,共同探索更加高效、环保的生产方式,为提升整个半导体产业链的价值与竞争力作出了积极贡献。

综上所述,盛剑科技在半导体产业链的国产化进程中发挥着举足轻重的作用。公司不仅通过关键设备的国产化推进和电子化学品材料的国产化替代提升了产业链的自主可控水平,还通过保障客户生产与提升产业链价值为整个半导体产业的稳健发展注入了新的动力与活力。

7 尾声

展望未来,盛剑科技将继续秉承"绿色科技,服务未来"的理念,致力于成为全球领先的绿色科技公司。通过不断的技术创新和市场拓展,公司将为客户提供更加高效、环保的绿色科技解决方案,并推动高科技产业的可持续发展。

随着国家对高科技制造产业和绿色科技发展的政策支持不断加强,以及对低碳和可持续发展的日益重视,盛剑科技作为绿色科技服务商将迎来更多的政策支持和市场机遇。同时,半导体、新能源等产业的快速发展带动了市场需求的持续增长,为盛剑科技提供了更多的业务机会和发展空间。此外,中国高科技企业的出海布局也为盛剑科技带来了广阔的国际市场机遇,使其能够通过与海外客户建立合作关系,进一步拓展海外市场并提升品牌影响力。

启发思考题

(1)盛剑科技在国际化进程中,如何通过技术创新与本土化策略提升在全球市场的竞争力?

(2)盛剑科技在推动高科技制造产业绿色转型中的角色和责任是什么?

慕思：中国的，就是世界的[①]

0　引言

伴随着对健康睡眠的关注度越来越高，人们改善睡眠质量的需求日益增长。床垫作为改善睡眠质量和睡眠健康的重要产品，是睡眠经济的重要组成部分，具有庞大的市场规模和潜力。根据 Statista 预测，2020—2025 年，中国床垫市场收入的年均复合增长率预计为 6.57%，即到 2025 年，中国床垫市场收入将达到 127.90 亿美元。在我国居民尤其是年轻人睡眠健康问题愈发突出的背景下，消费者越来越愿意在优质的睡眠产品上投入资金以改善睡眠质量。

在巨大的睡眠经济下，慕思集团，一个在国内颇具影响力的寝具品牌，以其对人体健康睡眠的深入研究和不断创新的产品而广受赞誉。自 2004 年成立以来，慕思主要从事健康睡眠系统的研发、生产和销售，围绕"健康睡眠"进行产品线延伸，形成了多品类的产品系列矩阵。目前主要产品包括各类型的中高端床垫、床架、床品、按摩椅类助眠产品和沙发桌椅等软体家具，其中，床垫是公司的核心产品。慕思始终坚持以客户需求为导向，致力于为人们提供优质的睡眠体验。本文将从品牌创立背景、品牌塑造与形象提升、市场拓展与国际化战略、创新驱动与持续发展等多个角度，深入剖析慕思集团品牌塑造的发展历程，探寻

① 本案例由上海交通大学安泰经济与管理学院深圳行业研究院王鸿鹭撰写。在写作过程中得到了案例企业的支持，并参考了现有公开信息及企业授权资料。该案例的目的是用来做课堂讨论的题材而非说明案例所述公司管理是否有效。

其成功的秘诀，并为相关行业提供有益的参考。

1 慕思集团的发展历程

慕思股份于 2004 年诞生于中国家具出口重镇东莞，自创立之初便坚持培育自有品牌，明确了高端化的品牌定位。在产品品质、品牌塑造、渠道建设、市场营销上全面贯彻其战略，逐渐形成了优质产品协同优质服务的基本经营理念。在其发展的第一个 10 年里，慕思在国内乃至澳洲等海外地区中高端市场立足，其产品市场打法也被誉为"业界圣经"。

2014 年起，慕思开始从学习国际巨头走向引领自主创新，在电商市场、品牌形象、睡眠科技化、制造端数字化和智能化等方面进行了一系列创新，一跃成为国内床垫产业龙头。慕思股份持续进行智能化技术创新，推出了多款 AI 床垫，并获得了多项国际大奖。

慕思股份之所以能保持稳定增长且处于领先地位，与其产品力、渠道力和营销力密切相关。公司引入欧洲睡眠理念和寝具设计理念，打造差异化产品，并拥有大量自主知识产权。在渠道布局上，慕思股份建成了多元化、全渠道的销售网络体系，并积极加大电商渠道投入。同时，公司也注重营销推广，成功打造了多个具有影响力的 IP 活动。

随着智能家居的渗透，慕思股份积极拥抱变化，顺应智能床垫发展风向，不断升级产品，加快与先进技术的融合，为用户提供完善的健康睡眠解决方案。慕思还与多所高校及知名企业展开合作，共同研发智能家居前沿技术，完善智慧睡眠产品矩阵。在睡眠经济的角逐下，慕思股份展现出了稳健的营运能力和盈利能力。

2 慕思集团的全球化布局

2.1 全球睡眠经济市场的崛起

全球范围内对高质量睡眠的需求不断增长，推动了睡眠经济的发展。艾媒咨询数据显示，中国睡眠经济市场规模已从 2016 年的 2 616.3 亿元增长至 2022 年的 4 562.1 亿元，预计到 2030 年将突破万亿元大关。这一趋势不仅在中国，在全球范围内同样显著。多项研究报告显示，全球范围内存在睡眠障碍的人群比例持续上升，高质量的睡眠需求催生了庞大的睡眠经济市场。床垫作为改善睡眠质量的关键产品，其市场规模不断扩大，为企业全球化布局提供了广阔的空间。慕思集团敏锐地捕捉到了这一市场机遇，将目光投向了更广阔的全球市场。

床垫行业在全球范围内已经形成了较为成熟的竞争格局，美国、欧洲等地的床垫巨头凭借先进的技术、丰富的产品线和强大的品牌影响力，占据了市场的主导地位。然而，随着新兴市场的崛起和消费者需求的多样化，这一格局正在逐步改变。慕思集团作为中国床垫行业的代表，凭借其独特的品牌定位和创新能力，开始在国际市场上崭露头角。

2.2 全球睡眠文化的输出

2.2.1 全球化的缘起

慕思的全球化布局动因主要源于三个方面。首先，慕思在中国市场，尤其是在高端人群中取得了显著成就，并观察到大量华人将慕思产品携带至澳大利亚，表明其品牌在海外华人市场具有潜在需求，这构成了其海外扩展的市场基础。其次，慕思凭借其在私人定制健康睡眠领域的高端定位和技术、品牌及运营能力上的优势，有志于将这些优势转化为全球影响力，从而驱动其成为全球领先品牌。最后，慕思认识到在全球化背景下，仅在中国市场领先不足以维持长期竞争优势，必须进军国际市场以增强品牌影响力，故采取稳健策略，逐步将中国商业模式与健康睡眠文化推广至海外市场。

2.2.2 全球化的睡眠文化输出

慕思作为健康睡眠品类的开创者，自 2004 年起便致力于让消费者睡得更好，重新定义了健康睡眠品类。过去 19 年，慕思在不断构筑、夯实自身系统竞争力的同时，成为健康睡眠生活方式和价值观的坚定传播者。慕思从东方哲学中汲取智慧，搭建了多 IP 的品宣矩阵，面向全球消费者输出健康睡眠文化。其旗下的不同品宣 IP 有着不同的定位和指向性，包括世界睡眠日、世界除螨日、全球睡眠文化之旅、慕思之夜等。慕思对每一个 IP 都以 5 年、10 年为单位展开长期运营，通过一系列 IP 活动传播健康睡眠文化理念，实现品牌与健康睡眠品类的强捆绑，并助力其全球化战略实现从产品输出到品牌输出再到价值观输出的蜕变。

2.2.3 全球化的集成创新

慕思通过开创"健康睡眠"品类，成功摆脱了床垫的"红海"市场，并找到了进击全球市场的突破口。其采用全球化集成创新策略，将品类优势转化为综合竞争优势，占领国内高端寝具市场的制高点。在供应链层面，慕思坚持全球化采购战略，与多家世界一流制造商保持长期合作，共同推动产品结构、功能、材质及质量升级，夯实高端寝具市场引领者地位。在研发层面，慕思与全球睡眠领域的专家学者沟通，成立跨学科专家团队，探索睡眠科技，成为行业首个跨领域研究健康睡眠问题的企业。在设计层面，慕思注重一体化设计理念，特别关注国外市场产品的颜值与原创性，坚持走自主品牌之路，将"慕思"品牌推向国际市场。在人才层面，慕思开启全球人才整合战略，引进众多国际顶级设计师，成立了慕思欧洲设计中心和"设计国际梦之队"，提升产品审美及设计水平。在生产层面，慕思与多家世界一流企业合作，引进德国工业 4.0 标准打造数字化工厂，实现高品质健康睡眠产品的大规模非标定制。通过 20 年的持续深耕和全球集成创新，慕思实现了自我价值的延伸和扩张，成为国内超越进口床垫品牌的高端存在，并开始从中国"慕"变成全球"慕"。

2.2.4 全球化的市场布局

慕思坚持走出去，旨在扩大市场规模并进行区域拓展，同时也是应对全球竞争的重要保障。自 2010 年起，慕思开始国际化布局，首站选择澳大利亚并开设第一家"睡眠体验馆"，随后转战多个国家。2014 年，慕思发布"筑梦全球计划"，加速全球市场扩张。在海外市场，慕思采取自主品牌与独立专卖店的商业模式，统一品牌形象，提供更佳的消费者体验，并展现出强大的品牌整合力与市场竞争力。截至 2022 年底，慕思在全球 14 个国家拥有超过 5 600 家门店，国内市场占有率稳居行业第一，连续 5 年销量居高端寝具市场领先地位。同时，慕思海外消费者中非华人占比逐渐增加。在全球化过程中，慕思坚持高定价与高端化路线，并注重展示策略，强调中心选址和大店策略。在运营层面，慕思通过赞助活动、参加博览会等方式不断刷新全球消费者对品牌的认知，并聚焦不同国家、地域和圈层消费者的差异，开发更加本土化和多元化的产品，赢得了越来越多国际大都市顾客的信任。

2.2.5　全球化的高端品牌定位

中国品牌在国际市场上常被视为低端，但慕思品牌凭借独特的设计、卓越的品质和有效的推广策略，成功打破了这一印象。慕思在美国、澳大利亚等地的售价超越部分欧美高端品牌，跻身国际高端品牌行列。在中国市场，慕思的表现尤为突出，专卖店数量和销量均超越所有国际品牌的总和，展现出强大的市场竞争力。尽管国际床垫行业历史悠久、竞争激烈，且美国市场呈现高度垄断性，但慕思在 20 年内便实现对国际高端品牌的超越，在中国市场取得显著优势。这一成就打破了国际品牌在传统行业的垄断地位，证明了慕思的创新实力与市场领导力。

2.2.6　坚持本土化策略

慕思品牌在国际市场的拓展过程中，展现了一种深度本土化的战略视角。其产品设计从床架到床头柜再到床垫，均遵循一体化设计理念，并特别强调原创性，尤其是与意大利顶尖设计师的合作，赋予了产品极高的美学价值和独特性。面对出口市场的关税与运费挑战，慕思坚持品质与品牌并重，成功在海外市场，尤其是澳大利亚，建立了广泛的独立专卖店网络。

为实现市场深度渗透，慕思采取了本土化运营策略，包括雇佣本地员工，构建本地管理团队，以及根据当地消费者的审美偏好调整产品设计。在发达国家市场，慕思敏锐捕捉到简约风格的流行趋势，并据此调整产品设计，使之与当地的家居装修风格相协调。同时，慕思在意大利设立设计中心，与当地知名设计师紧密合作，确保产品能够精准对接欧洲市场的审美需求，进一步巩固了其在国际市场的竞争力。

慕思的国际化战略不仅限于产品输出，更在于商业模式的复制、品牌文化的传播，以及健康睡眠理念的全球推广。通过大规模的海外广告投放，慕思在多个国际大都市的机场、商业中心等关键位置树立了品牌形象，实现了从产品到品牌、从商业模式到文化理念的全方位输出。慕思坚信，其销售的不仅是产品本身,更是健康睡眠的文化和生活方式,这种中西合璧的健康理念正逐步被全球消费者所接受和认同。

3 慕思集团的未来布局

3.1 持续深耕大健康产业

慕思品牌在国际市场上已初步建立起品牌影响力,针对其未来的发展规划与产品定位,可考虑以下两个方面:

第一,鉴于健康睡眠及大健康产业的蓬勃发展,预计到 2035 年,中国大健康产业市场规模将达到 19 万亿元,慕思应借此朝阳产业之势,积极布局并延伸其产品线。考虑到中国社会老龄化趋势加剧,2030 年,60 岁以上老年人口预计将达 4 亿至 5 亿人,这一群体普遍面临睡眠问题,为智慧睡眠及睡眠管理领域带来巨大潜力。慕思可通过血压、心肺耦合等技术实现健康数据监测,对慢病前期治疗具有显著价值。

第二,智慧睡眠市场正如新能源汽车初兴,虽然处于起步阶段,但增长势头强劲。新能源汽车渗透率已高达 48%,新车型推出数量远超传统汽车,显示出市场转型的迅猛。慕思在智慧睡眠与智能制造领域布局较早,已拉开与全球竞争对手的距离。尽管早期面临风险与挑战,但这一战略决策的正确性已逐渐显现,为慕思的未来发展奠定了坚实的基础。

3.2 持续保持创新投入扩大优势

慕思未来保持并扩大其竞争优势的策略,可归结为三大方面。首先,技术迭代是核心驱动力。慕思凭借早期起步与快速迭代的优势,在算法领域积累了丰富的经验,其产品与 AI 大模型相似,通过不断使用与迭代,实现了智能化水平的持续提升,且未来迭代速度有望进一步加快。其次,研发投入与人才储备是重要支撑。慕思长期致力于构建高素质的研发团队,通过多年的人才引进与培养,形成了深厚的研发底蕴与厚积薄发的优势。这种人才与资源的积累,为慕思的持续创新与技术突破提供了坚实的保障。最后,智慧睡眠与智能制造的深度融合是关键路径。慕思不仅将智能制造技术应用于生产环节，还将其延伸至前端客户管理、精准投放与服务等领域，实现了对客户需求的精准洞察与前瞻性预测。这种数字化转型不仅提升了慕思的运营效率与服务质量，还为其新产品的开发提供了宝贵的市场洞察与消费者需求信息，从而确保了慕思在产品力方面的显著差异与超越对手的优势。

面对小米等生态企业的市场竞争与冲击，慕思作为高端品牌，展现出其独特的市场定位与竞争优势。小米作为流量品牌，其目标人群与产品范围广泛，与慕思专注于高端市场的策略形成了鲜明对比。高端品牌的建立须基于明确的品牌认知与专注的产品线，如香奈儿专注于香水与服装，而非过度跨界。慕思深谙此道，专注于私人定制与智慧睡眠领域，保持其高端市场的领先地位。

同时，慕思认识到跨界成功的重要性，以新能源汽车为例，造车新势力企业的崛起证明了把握行业风口的关键性。慕思在智慧睡眠领域的持续创新与领先地位，正是其紧跟行业趋势的体现。这就意味着要持续把握数字化、智能化与高端化的发展方向，以确保在激烈的市场竞争中立于不败之地。

在当前的经济环境下，中国品牌面临上下两端的竞争压力：高端市场被欧洲品牌占据，低端市场则面临东南亚制造优势的挑战。在此背景下，慕思的高端化策略显得尤为重要，为了在激烈的市场竞争中保持并扩大其品牌影响力与市场份额，高端化、智能化、绿色化被视为未来发展的重要方向。实现这一目标需聚焦于产品、制造与品牌的高端化，以构建新质生产力。新质生产力不仅要求技术创新，还需确保盈利能力，实现"三高一低"，即高端、高质量、高效率与低成本。但低成本并不等同于低价格，行业领导者与头部企业应承担起促进行业健康发展的责任，避免内卷竞争，引领市场向蓝海拓展，而非陷入红海。对于未来布局，慕思将重点发展欧美市场，特别是美国市场，同时，也将关注并逐步拓展东南亚等亚洲市场，以实现更全面的全球化战略。

4 慕思集团全球化布局的启示

4.1 明确战略愿景与精准定位

企业在全球化征途中，首要任务是确立清晰且宏大的战略愿景，并据此精准定位自身在全球市场中的角色。慕思集团以"成为全球健康睡眠解决方案的引领者"为宏伟目标,这一愿景不仅为企业的全球化布局指明了方向,还激励了全体员工为之奋斗。明确的战略目标与定位,使得慕思在全球市场中能够聚焦于健康睡眠领域,通过持续的创新与卓越的产品服务,逐步建立起市场领导地位。

4.2 深耕本地化策略,精准触达市场需求

全球化并不意味着"一刀切",企业在拓展国际市场时,必须深刻理解并尊重各地的文化差异与消费者需求。慕思集团深谙此道,通过实施精细化的本地化策略,不仅在产品设计和营销手段上贴近当地消费者的偏好,还积极参与社区活动和公益活动,与当地社会深度融合,成功打破了外国消费者对中国品牌的固有偏见,大幅提升了品牌的市场认知度和美誉度。

4.3 构建多维度品牌矩阵,强化品牌影响力

品牌是企业的灵魂,是连接产品与消费者的桥梁。慕思集团深知品牌建设的重要性,通过构建多维度、多层次的品牌宣传矩阵,包括世界睡眠日、全球睡眠文化之旅等标志性活动,以及持续发布的《睡眠白皮书》等专业研究成果,成功地在全球范围内传播了健康睡眠的理念,树立了高端、专业的品牌形象。同时,慕思还巧妙利用国际展会、社交媒体等平台,开展精准营销和口碑传播,进一步扩大了品牌的影响力。

4.4 建立全球研发体系,引领行业创新潮流

慕思深知创新是企业发展的不竭动力,因此,慕思在全球范围内建立了完善的研发体系,汇聚了来自不同国家和领域的顶尖人才。通过跨学科、跨领域的合作与交流,慕思不断在睡眠科技领域取得突破性进展。智能床垫、自适应睡眠系统等创新产品的推出,不仅满足了消费者对高品质睡眠的需求,更引领了行业的技术革新与发展潮流。

4.5 推进智能化与数字化转型，提升运营效率与服务品质

面对数字化时代的挑战与机遇，慕思积极拥抱变革，大力推进智能化与数字化转型。通过引入先进的生产管理系统和自动化设备，慕思实现了生产流程的智能化与高效化。同时，利用大数据和人工智能技术，慕思能够更精准地洞察消费者需求，优化产品设计与服务体验。这些举措不仅提升了慕思的运营效率与服务质量，更为其在全球市场的竞争中赢得了宝贵的时间与空间。

4.6 整合全球资源，打造高效供应链体系

在全球化背景下，供应链的高效整合是企业竞争力的重要体现。慕思集团凭借前瞻性的战略眼光，积极与全球顶尖的制造商、供应商建立了长期稳定的合作关系，确保原材料的稳定供应和产品的及时交付。同时，慕思还引进德国工业4.0标准，打造智能化、数字化的生产线，不仅提升了生产效率，还保证了产品的高品质。这种全球资源的深度整合与高效供应链体系的构建，为慕思在全球市场的快速响应和持续创新提供了有力保障。

4.7 创新驱动发展，引领行业变革

创新是企业持续发展的动力源泉。慕思集团始终坚持创新驱动的发展战略，在产品研发、技术革新、生产模式等方面不断探索与突破。通过整合全球领先的睡眠科技资源，慕思成功推出了多款具有创新性和实用性的智能寝具产品，引领了行业的技术变革和消费升级。这种持续的创新能力不仅巩固了慕思在全球健康睡眠领域的领先地位，还为企业的长远发展奠定了坚实的基础。

4.8 秉承核心价值观，展望未来辉煌篇章

展望未来，慕思集团将继续秉承创新、专业、服务的核心价值观，不断提升产品品质与服务水平。在科技研发方面，慕思将持续加大投入力度，深化与全球顶尖科研机构的合作与交流；在市场拓展方面，慕思将在进一步巩固国内市

场领先地位的同时积极开拓新兴市场；在企业文化建设方面，慕思将不断激发员工的创造力与归属感，打造一支高素质、高凝聚力的国际化团队。相信在未来的发展中，慕思将继续保持领先地位并创造更加辉煌的成绩！

启发思考题

（1）慕思集团如何通过品牌文化的传播，成功打破了"中国品牌＝低端"的固有印象？

（2）智慧睡眠技术的普及将对家居产业带来哪些变革？慕思集团在其中扮演了怎样的角色？

晶澳科技①：中国光伏行业龙头企业全球化发展

0 引言

光伏，是指利用光伏电池的光生伏特效应，将太阳辐射能直接转换成电能的发电系统。光伏发电过程不污染环境，不破坏生态，取之不尽、用之不竭，是一种清洁、安全和可再生的能源。

当今，光伏产业已是中国对外最闪亮的"名片"之一。据海关总署统计②，2023 年，包括电动载人汽车（新能源汽车）、锂离子蓄电池和太阳能电池在内的"新三样"产品合计出口 1.06 万亿元，突破万亿元大关，增长 29.9%。这里的太阳能电池，即是光伏产品。

若聚焦于整个光伏产业链，更可以对中国光伏的发展成就有一个清晰认知。光伏产业链从上到下主要包括四大环节：硅料、硅片、电池片和组件。据中国光伏行业协会数据，截至 2023 年，在产能方面，中国光伏产业链四大环节产能全球占比均超过 80%；在产量方面，中国光伏产业链四大环节分别占全球的 91.6%、98.1%、91.9%、84.6%。这意味着，中国光伏产业在世界范围内已建立了统治地位。

---

① 本案例由上海澄石企业管理咨询有限公司总经理张春雨及陈珏等人共同撰写。在写作过程中得到了案例企业的支持，并参考了现有公开信息及企业授权资料。感谢上海交通大学安泰经济与管理学院陈亚民教授对本文写作的指导。该案例的目的是用来做课堂讨论的题材而非说明案例所述公司管理是否有效。

② http://www.customs.gov.cn//customs/xwfb34/mtjj35/5644345/index.html

放眼国际,各界人士对中国光伏行业的发展成就也给予了极高的评价。如聚焦于气候变化和能源问题的欧美知名专栏作家大卫·福克林(David Fickling)于2024年7月发表了一篇研究报告,他认为,"中国新能源七子"已可以比肩"欧美石油七姊妹"在能源界的地位。

这里的"新能源七子"指的均是来自中国光伏行业的企业,包括晶澳科技、晶科能源、天合光能、隆基绿能、通威股份、协鑫科技和新特能源;而"石油七姊妹",则是指埃克森美孚、壳牌、英国石油、雪佛龙、道达尔能源、康菲石油和埃尼公司。

大卫·福克林表示,在全球范围内,虽然"石油七姊妹"是耳熟能详的巨头,但从多个分析角度来看,"新能源七子"的重要性已不亚于前者,由于中国光伏产业势不可挡的崛起,进一步的颠覆正在酝酿之中。

从大卫·福克林的对比中不难看出,当前中国光伏行业在世界范围内已具备极高的实力和地位,可谓声名赫赫。而此般地位的构建,离不开诸多中国光伏企业的全球化布局与发展成果,尤其是"新能源七子"的全球化成果。

本案例将代入"新能源七子"之一、中国光伏制造头部企业晶澳太阳能科技股份有限公司(简称"晶澳科技",SZ:002459)的全球化发展视角,通过探寻晶澳科技的全球化策略,尝试揭开中国光伏企业问鼎全球的壮阔历程与底层逻辑。

1 背景概述

1.1 中国光伏行业发展简介

自20世纪90年代起,能源危机与环境污染使得世界各国向新型清洁能源转型。欧美各国相继出台鼓励政策,光伏市场在欧美地区迎来爆发式增长,并激起了中国企业的光伏"建设大潮"。相对廉价的制造成本使中国光伏企业外贸订单大增,中国成为全球光伏市场的"加工厂",并形成了内产外销的出口贸易模式。

但彼时的国内企业面临"三头在外"的局面,即光伏原料依赖进口,核心设备和终端市场需求均掌握在欧美国家手中,此种发展模式无疑过度依赖海外。2008年金融危机时,欧美国家对光伏产业支持政策缩减,市场相应萎缩,中国光伏制造业直接遭受了重创。此时晶澳刚刚成立不久,却是少数在这一危机中安然度过的光伏企业。

此后,我国出台政策及规划,助力开拓国内光伏装机市场,光伏产业成为战略性新兴产业。同时,海外光伏市场逐渐回暖,由此催生了新一轮中国光伏产业投资热潮。

但好景不长,自 2011 年起,美国、欧盟等国家和地区为保护本国产业,先后发起了针对我国光伏产品的反倾销、反补贴调查,极大地影响了我国光伏产品的出口贸易,光伏产业快速发展的势头受到遏制。在当时的环境下,地缘政治关系和全球经济变幻莫测,贸易摩擦事件频出,给我国光伏企业的海外单一出口模式带来了极大的风险与挑战。

基于此,2014 年前后,包括晶澳在内的中国光伏制造企业纷纷加快东南亚"出海"的步伐,先后在马来西亚、泰国、越南等国家投资建厂。东南亚地区逐步成为中国光伏企业出海的桥头堡。

在此期间,因技术频频突破及国内市场日渐增长,中国光伏行业"三头在外"的局面已极大消解,逐渐进入独立自强的高速发展阶段。同时,以晶澳为代表的中国光伏企业在此时期开始引领全球光伏市场走向全新的"PERC"技术时代。因技术产品受到全球欢迎,中国光伏产业链各环节产能产量快速攀升,至 2017 年,中国光伏产业已占据了全球 70% 以上的市场份额,此后份额仍不断提升。

最近 5 年,中国光伏行业更是利好不断:2020 年,我国提出"碳中和"目标,国内光伏装机市场再次大幅拉升;2021 年左右,中国光伏发电在多年降本增效的积累之下,全面实现了平价上网,政策补贴退出历史舞台,光伏发电竞争力凸显;2022 年,中国光伏行业企业引领全球光伏市场步入全新"n 型"技术时代,产品力冠绝全球;2023 年,在《联合国气候变化框架公约》第二十八次缔约方大会(COP28)上,设定了到 2030 年将可再生能源装机容量增至 3 倍的目标,再度拓展了中国光伏行业出海的想象空间。

1.2 近年海外光伏市场情况

自《巴黎协定》以来,尽早实现"碳中和"、控制气温升高已成为全球共识性议题。当前,已有超过 130 个国家以不同形式提出了"碳中和"目标。基于此,近年来海外光伏装机市场持续扩大,全球新增光伏装机持续攀升。

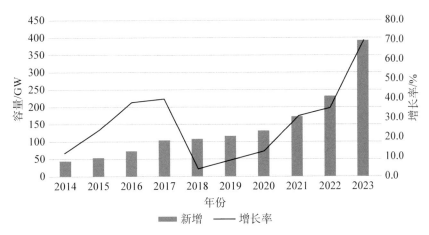

图 1　2014—2023 年全球新增光伏装机容量

资料来源：中国光伏行业协会 CPIA.【年度报告】第十三篇：全球光伏应用市场发展情况［EB/OL］.（2024-07-04）［2024-07-29］. https://mp. weixin. qq. com/s/OD2ezRnnxP0duVdE61jiNA.

目前，欧美各国纷纷大幅调高光伏装机目标，同时，新兴 GW 级国家光伏市场不断涌现。国际能源署（IEA）预测，到 2027 年，全球光伏累计装机量将超过煤炭，位居所有电源形式中的第一位。国际可再生能源署（IRENA）预测，在全球控温 1.5℃的情况下，到 2030 年，全球光伏装机容量有望超过 5.4TW，这意味着 2023—2030 年年均增长超过 500GW。海外光伏市场将迎来更加广阔的发展空间。

但与此同时，受全球经济格局重塑、大国博弈、经贸规则变化、科技进步等多重因素影响，我国光伏行业出海正面临挑战。欧美国家普遍认为，过于集中的光伏产业链和供应链缺乏韧性，脆弱易中断，给全球能源转型构成了潜在威胁。因此，自 2022 年以来，欧美国家在光伏产业的"去中国化"政策趋势日益显著，各国试图通过引导产业回流，重构全球光伏产业链供应链。

1.3　晶澳科技介绍

晶澳科技是全球领先的光伏发电解决方案供应商。公司创始人、董事长靳保芳先生于 1996 年率先进入光伏行业，从事硅棒、硅片业务，2005 年创建晶澳太阳能有限公司,从事太阳能电池制造。2007 年,晶澳在美国纳斯达克上市,2010 年公司产业链向下游延伸到组件,2012 年延伸到光伏发电业务,从而实现了垂直一体化全产业链。2018 年,晶澳从美股私有化退市后,2019 年完成在深交所 A 股上市。

晶澳科技在全球建有多个生产基地,海外拥有 13 个销售公司,打造了硅片、电池、组件、光伏电站的垂直一体化全产业链。该公司产品销售和服务网络遍布全球 165 个国家和地区,电池组件出货量连续多年在全球名列前茅,2024 上半年,晶澳科技电池组件出货量位居世界第二。

晶澳科技始终坚持科技创新驱动,走高质量发展之路。凭借持续的技术创新、稳健的财务优势和健全的全球销售与服务网络,晶澳科技备受国内外客户认可,连续多年荣登《财富》中国 500 强和"全球新能源企业 500 强"榜单。

1.4　全球化心路历程

晶澳科技是一家土生土长的河北企业,历经 10 余年的不懈奋斗,该公司从一个名不见经传的县属企业,逐步发展成为在国内国际新能源行业具有重要地位和重大影响力的全球化公司,此等质的飞跃,既有天时地利的原因,更有赖于晶澳领导层的远见卓识。

中国光伏企业在国际立足,首先要具备出色的产品性价比,以此来打动海外开发商和经销商。晶澳科技凭借严格的自律以及巨量的投入,在此领域始终保持着全球一流水平。近 5 年来(2019—2023 年),晶澳科技研发投入合计达143.41 亿元,规模位居行业前列。

其次,对于致力于进行全球化发展的企业而言,具备判断世界哪些国家属于重要增量市场的能力非常关键。清晰的海外市场开拓目标,有助于企业降低全球化布局成本,行事更有章法。晶澳科技正具备此种分析能力,通过在重点国家市场建立销售公司,铺设仓储物流体系,不断提升对这些市场的服务能力,由此获得了更高的市场份额和更大的发展成绩。近年来,晶澳仍在持续提升对于海外市场的支持能力,并将开拓重点市场的成功经验,不断转移至新兴市场。

最后,企业文化在晶澳科技的全球化发展进程中起到了至关重要的作用。晶澳的企业精神是"真诚、质朴、敬畏、感恩",由此塑造了其独特的气质和务实的作风。光伏行业对于晶澳的印象,一直都是踏实稳健的"干部"形象。此种企业精神带来的影响不仅局限于国内,在晶澳遍布全球五大洲的销售服务团队,乃至每一位外籍员工身上,都可以感受到晶澳的气质。

在非洲,晶澳的外籍员工称晶澳科技的企业文化是一种骄傲,基本上所有客户都会喜欢他们真诚谦逊的作风;在韩国,外籍员工可以做到对客户需求的实时响应,深受当地客户欣赏;在日本、巴西、中东、澳大利亚……晶澳科技的企业文化在全球不同国籍的员工中广泛传播,展现出强大的渗透力,令自身在不同国别市场中的形象达到惊人的一致,也由此获得了海外市场的一致认可。

2 晶澳科技的全球化底蕴

2.1 植入全球化"基因"

晶澳科技进行全球化发展是一种必然,因为该公司自诞生之日起,就在技术、视野与渠道方面与国际接轨,天然便具有出海的基因与动机。

1996 年,靳保芳基于单晶硅广阔的应用前景,在宁晋县创立晶龙集团,从三台单晶炉起步,为北京 605 厂做来料加工,生产单晶硅产品,并通过 605 厂全部对外出口。

1997 年,美国总统克林顿提出"百万太阳能屋顶计划",目标是到 2010 年,在 100 万个屋顶或建筑物其他可能的部位上安装适合的太阳能系统;同年,全球 100 多个国家在日本共同签署了《京都议定书》,提出"将大气中的温室气体含量稳定在一个适当的水平,进而防止剧烈的气候改变对人类造成伤害",由此,欧盟颁布了 2050 年实现可再生能源占比提高至 50% 以上的战略愿景。从此开始,欧美国家逐步造就了一个庞大的光伏装机市场,对光伏产品的需求日益增长,晶龙的单晶硅产品也因此被大量应用于光伏制造上。

在通过北京 605 厂实现对外出口期间,晶龙高质量的单晶硅产品引起了当时全球最大的光伏硅片供应商日本松宫半导体株式会社(简称"松宫")的注意。之后松宫多次派员工来到宁晋县考察,最终与晶龙达成合作,由此拓宽了晶龙的海外销售渠道,进一步增加了晶龙在海外光伏市场的声望。

2005 年，晶龙集团与被誉为"太阳能之父"的马丁·格林教授所创办的澳大利亚新南威尔士大学太阳能研究中心全面合作，合资成立了晶澳太阳能有限公司，从事太阳能电池制造，之后业务延伸至组件环节。因具备国际领先技术和过往培育的成熟海外渠道，晶澳的产品很快便在海外市场立足。

之后晶龙集团硅片等光伏业务板块全面并入晶澳，此举更促进了晶澳与国际全面接轨，此时的晶澳在全球市场中已然具备了良好的基础与声誉。可以说，晶澳科技进行全球化发展的底蕴和动机始终都非常充分。

2.2 巩固竞争力根基

在光伏产业链的终端市场，有两个指标对于客户采购光伏组件起到决定性作用：一个是 BOS(balance of system)成本，指除了光伏组件以外的系统成本，主要由逆变器、支架、电缆等主要设备成本，以及土建、安装工程、项目设计、工程验收和前期相关费用等部分构成；另一个是 LCOE (levelized cost of energy)，指平准化度电成本，即衡量光伏电站整个生命周期的单位发电量成本。

对于光伏组件企业而言，旗下产品能让这两个成本越低，产品就越有竞争力。这要求企业在很多维度上进行持续不断的优化，如企业的生产成本、产品的功率效率、产品全生命周期可靠性等。但这些维度归根结底，都需要先进产能做保障。

晶澳于 2012 年完成了垂直一体化全产业链布局，在原材料投入的成本、质量控制、技术协同及供应可靠性等维度建立了领先优势。此后，晶澳不断提升数智化水平，持续升级产能，这使得晶澳的工艺实现、流程简化和产品品控等要素得到了大幅增强，为产品竞争力不断提升奠定了基础。

比如在硅片环节，晶澳的生产基地建立了生产分析系统，做到了对生产数据的 24 小时不间断监测和自动预警，实现了对硅片产品质量的精细化管控。

在电池环节，晶澳生产基地建立了产品质量分析系统，可通过汇总生产过程中的质量和过程数据，构建出全面的质量管理体系并实现质量标准化把控。为提升电池生产设备质量管理，晶澳生产基地全部使用单晶槽式制绒设备、低压软着陆扩散系统、全自动颜色 EL(电致发光)检测等世界领先的高度自动化设备，实现全程智能控制和监控。

在组件环节,晶澳生产基地全部采用全自动双轨高速串焊机、双腔层压机、全自动装框一体机,以及拥有工业级电脑智能控制多维度机械手的自动排版机等先进设备。在此基础上,晶澳的组件生产线具备较高的适应性,可实现生产全过程的智能联动,一键完成产品规格更换。

正是对先进产能的不懈追求,塑造了晶澳在生产成本、产品性能质量以及产量等方面的全球领先优势,令产品富有竞争力。

2.3 研发和人才投入

光伏产业是典型的技术密集型产业,这意味着企业的技术力至关重要,直接关系着企业在全球市场的表现。而技术力的培育,需要两种土壤:一是研发投入,二是人才储备。晶澳科技能够长期立足并问鼎全球市场,与在此两方面"不吝成本"的投入是分不开的。

在研发投入方面,据统计,2019—2023 年,晶澳科技研发投入合计达143.41 亿元,研发投入规模位居行业前列。其中,2023 年,晶澳研发投入达到44.46 亿元,占公司整体营收约 5.45%。

大量投入直接促进了晶澳科技的专利布局。截至 2024 年 6 月底,晶澳共有有效专利 1 827 项,其中,发明专利 977 项。在此基础上,晶澳正在逐步加大海外专利申请布局,目前已覆盖欧洲、美国、日本、韩国、马来西亚、印度等国家和地区。

在人才储备方面,目前晶澳科技已建立了一支由科学家及国内外知名院校毕业的博士、硕士组成的专业团队,就职于晶澳旗下的晶硅、电池组件、储能、光伏系统等多个研发中心。团队中核心技术人员具备半导体、电子、化学、材料等方面的专业知识,能深刻理解国内外最新光伏行业的技术特点及未来趋势。

此外,在人才储备上,除研发人才外,晶澳也在着力打造国际化的管理层配置,其在欧洲、非洲、南美巴西等销售区,均雇用了当地国籍的高级管理人员,包括其设立在海外的 13 个销售公司,也都遵循本地化理念,大量雇用当地国籍的员工,中国籍员工占比很小。

此种措施保证了晶澳科技对于海外市场的洞察力,以及对海外客户的服务效率,是实现全球化发展的一大基础。

2.4 打造高端产品力

如前文所说,BOS 成本与 LCOE 对于组件在终端市场的表现具有决定性影响。针对这两个指标,诸多光伏企业都在想方设法进行优化,光伏量产技术因此不断迭代,这也是中国光伏行业从世界"加工厂"变成全球引领者的根本原因。

就晶澳科技而言,具有先进生产能力,又对研发人才进行了大量投入,自然会孕育出高端产品,在全球市场"敲开门",塑造客户认知。

光伏技术发展至今,有三大里程碑:第一个是光伏行业早期应用的 BSF 技术;第二个是 PERC 技术,该技术于 2014—2022 年成为光伏行业主流;第三个则是近年开始流行的 n 型技术(见图 2)。

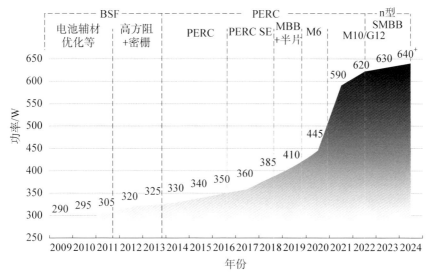

图 2　2009—2024 年光伏技术里程碑

资料来源:晶澳科技内部资料。

从 2008 年开始,晶澳科技便着手进行 PERC 技术的实验室研发,2012 年获得技术专利,2014 年 PERC 电池量产效率超过 20.3%,并成为全球首家量产 PERC 组件的企业。

基于 PERC 技术的领先优势,晶澳科技再集成多项高效产品技术,之后陆续推出 DeepBlue 3.0、DeepBlue 3.0 Light、DeepBlue 3.0 Pro 等多款产品,组件量产效率与功率表现始终处于行业领先地位。

近年来,光伏行业逐渐迈向 n 型时代。对于 n 型技术,晶澳科技的储备也是由来已久。早在 2018 年,晶澳研发的倍秀(Bycium)n 型单晶电池效率便达到了 22.5%,2019 年,该电池转换效率进一步增长至 23.8%。此后,倍秀 n 型单晶电池转换效率持续增长。

如今,晶澳高效 n 型倍秀+钝化接触电池,开路电压达到 740 mV,量产平均效率超过 26.5%,位于行业第一梯队;基于该电池技术量产的组件 DeepBlue 4.0 Pro 72 版型产品功率可达 640 W,组件效率达 23%,同样位于行业顶尖水平。

高端的产品力,无论何时都是企业进行全球化发展的最大底气。

3 晶澳科技的全球化探索

3.1 出海战略

纵观晶澳科技多年的出海探索与实践,其最基础的出海战略可以总结为三个"分层",至今仍在沿用。

首先,是重点市场与新兴市场的分层。实现全球碳中和需要世界各国群策群力,以光伏发电为代表的清洁能源势必要在所有国家普及。但在这一过程中,因经济基础、政策扶持、市场教育等程度的不同,有的国家光伏装机市场增长很快,有的则处于缓慢发展状态,这就要求光伏企业做好区分,合理制定出货目标与资源配置,契合全球光伏市场发展趋势,才能降低出海成本,取得预期成果。

晶澳科技从成立之初就树立了全球化的发展战略,在紧盯中国、欧洲、美国、日本等主要成熟光伏市场的同时,积极布局东南亚、澳洲、拉美、中东、非洲等新兴市场。多年来,晶澳在全球各个国家和地区的出货比例分配,与当地在全球光伏装机所占的比例,始终保持着平衡(见图 3),这是一种精湛的市场研判,彰显了晶澳对于全球光伏市场发展的掌握程度。

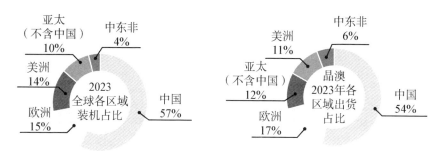

图3 2023 年全球各区域装机占比与晶澳各区域出货占比

数据来源：晶澳科技内部资料。

其次，是项目出货与分销渠道两种商业模式的分层，通俗讲就是面向大客户与面向经销商的企业经营策略的分层。因为可以切实降低经营成本，有利于开拓市场，此种商业模式的分层在国内制造业非常常见，引入海外市场也可以起到同样的效果。

就晶澳科技而言，其与国内主要的能源央企都建立了良好的合作关系，与海外诸多可再生能源开发商也都有战略合作，因此，晶澳的光伏产品会被能源央企和海外开发商应用于全球各地的大型光伏发电项目中。同时，晶澳积极与全球各地区的渠道经销商合作，这些经销商如同光伏市场的"毛细血管"，会将晶澳产品大量应用于家庭户用、工商业屋顶等中小型场景，与项目出货形成互补。

最后，是销售公司与仓储设置的分层。当前，晶澳科技在海外设立了 13 个销售公司，但仓储设置并不都与销售公司所在的国家或地区一一对应，有很多是独立存在的。这基于晶澳科技对全球合作资源与物流掌控能力的综合考虑，通过合理配置海外资源，实现了以较低的全球经营成本，构建了全面且富有韧性的销售服务网络。

在"三个分层"战略的指引下，晶澳科技顺利实现了海外市场的拓展，为产品出海打通了销路，成功塑造了遍布全球 165 个国家和地区的销售和服务网络。

3.2 战略进阶

晶澳科技制定"三个分层"的出海战略，是基于特定的历史背景。中国光伏企业在出海初期，皆以"产品出海"为主要目标，本质上是"以本地化生产服务于国际化销售"，这是全球化企业发展的初级阶段。而随着中国光伏行业不断成长，在世界的影响力不断攀升，所处的历史阶段必然会发生变化。基于此，能够相应调整出海战略的光伏企业，才能在新的历史背景下获得更大的发展成果。

如 1.1 部分所述，因中国光伏产业在全球的市场份额越来越大，自 2011 年起，美国、欧盟等国家和地区为保护本国光伏产业，先后发起针对我国光伏产品的反倾销、反补贴调查，给我国光伏行业的海外单一出口模式带来了极大的风险与挑战。

与此同时，2013 年，中国发起"一带一路"倡议，东南亚作为中国"一带一路"重点区域，双方地缘相近、人文相通，产业结构也存在天然的协同性和互补性；同时，东南亚国家具备低成本劳动力红利和丰富的资源优势，与中国产业合作具有得天独厚的基础和空间。

在此新的历史机遇下，东南亚开始被中国光伏企业所发掘、看重，有实力的光伏企业纷纷在东南亚地区建立产能，打造新的出海"桥头堡"。晶澳科技正是最早实施产能出海东南亚的企业之一。

"产能出海"战略的实行，本质上是"以国际化生产服务于全球化销售"。该战略可以大幅增加企业在国际贸易中的抗风险能力与经营的灵活性，此举标志着晶澳科技已进入全球化企业的中级发展阶段。

如今，晶澳科技在东南亚形成了 6GW 的一体化产能，在美国建立了 2GW 的组件产能，有力保障了海外市场的出货表现。

3.3　深化品牌

伴随着全球能源结构转型走向"深水区"，当前国内外对于清洁能源装机的考量条件愈发复杂和多元，中国光伏企业出海的门槛已不同以往。之前光伏企业只要具备优秀的产品力与成熟的销售渠道便可深入海外市场，但如今企业价值，尤其是在可持续发展方面的价值，正左右着企业的品牌影响力，成为争取海外市场份额的一大关键因素。

如 2023 年欧洲太阳能协会下属太阳能管理倡议组织 SSI，发布了全球首个针对太阳能价值链的 ESG（环境、社会和公司治理）标准，涵盖了多晶硅、电池和组件以及其他制造板块，探讨了气候风险、战略投资、供应链管理等关键议题。

在此背景下，光伏企业不仅需要加强技术创新，提升产品质量和效率，同时也需要深入理解 ESG 的理念，将重要 ESG 议题的风险识别和管理提升融入企业经营与战略中，以满足日益严格的国际标准和市场期待。

晶澳科技敏锐地洞察到这一趋势，在 ESG 领域做出了诸多成果，为其全球化发展铺平了道路。2022 年，晶澳科技提出"共建绿色循环（green to green），共谋绿色发展（green to grow），共创绿色未来（green to great）"的可持续发展理念，表示希望以自身行动为基础，携手整个光伏价值链走向绿色发展之路。

为此，晶澳科技将该理念提升到企业战略的高度，从治理架构、战略目标、方向指标等维度进行统筹管理，并承诺到 2030 年，运营范围温室气体排放量将在 2023 年的基础上减少 42%；到 2034 年，运营范围温室气体排放比 2023 年降低 58.8%；并不迟于 2050 年前实现温室气体净零排放。

经过数年的 ESG 创新与实践，晶澳科技在降本增效、技术提升、组织优化等方面收获了诸多实质性成果，成功建立了光伏全价值链的可持续发展体系。2023 年，晶澳科技绿电使用占比提升到 28%，电池组件出货量超过 57GW，根据各国电网排放因子计算，避免排放超过 3 700 万吨二氧化碳当量。

此外，在推动清洁能源发展的同时，晶澳科技也在通过光伏捐赠、慈善捐助、救灾助学等多种形式，践行着企业社会责任和担当，为实现环境、气候、社会、经济多赢贡献力量。

在此基础上，2024 年 6 月，晶澳科技在全球极具影响力的企业社会责任评估 EcoVadis 评分中，以总分 62 分的历史最高成绩，在全球 200 多个行业、75 000 余家公司中脱颖而出，获得 EcoVadis 可持续发展银牌勋章。该成绩超越了 80% 的公司，足见其可持续发展成果。

3.4 未来规划

当前，全球光伏供应链发展从经济利益最大化的单一导向已逐步向经济、环境和社会的多重综合性效能转变。在反倾销、反补贴、反规避等传统贸易壁垒的基础上，以碳排放与环境、技术专利等为基础的新型贸易壁垒正在逐步形成、演化并升级，表现形式更加"隐蔽"。

在此背景下,我国光伏产品出口贸易的应对难度也不断增大。对此,晶澳科技认为,中国光伏企业的解决方案,应该是进入全球化发展的高级阶段,即"以全球化经营服务全球化发展"。具体而言,就是打造全球区域产业链一体化的生态价值链体系,把市场与企业的买卖关系,化作共同发展、共享成果、共赴未来的共同体关系。

目前,晶澳已在欧洲和美国建设了地区运营中心,把当地的销售公司从单纯的产品销售职能升级为具备技术、交付、客服、财务、法务、人力资源等一系列运营职能的中心。未来,晶澳科技计划通过公司总部各部门对地区运营中心的专业赋能,结合海外生产工厂和供应链能力建设,将进一步形成在当地具有完整职能的区域运营中心。

构建全球区域产业链一体化的商业模式,是晶澳科技在全球光伏市场快速发展和区域"制造业回流"政策的双重驱动下,面对新型贸易壁垒带来的压力,所做出的综合性决策。

4 尾声

多年来,晶澳科技的海外出货占比始终保持在50%以上,海外市场对于晶澳的重要性不言而喻,谋求稳健的全球化发展,是晶澳科技一直以来所追求的。

但当下中国光伏产业出海已然面临更加复杂的挑战,全球市场波云诡谲,竞争烈度日益强化,对所有光伏企业都形成了新的发展危机。

晶澳科技历经中国光伏行业三次低谷周期,成功存活并长期保持着龙头地位,可见其非同一般的经营智慧。未来,晶澳可否通过打造全球区域产业链一体化的生态价值链体系,从而克服全球化发展的挑战,摘取更大的成果?我们不妨拭目以待。

启发思考题

(1)结合案例,并根据相关资料分析晶澳进军国际市场的出海战略是什么?

(2)结合晶澳国际化的过程,分析晶澳出海的核心竞争力。

参考资料

［1］刘译阳. 高效、智能是光伏产业高质量发展方向［EB/OL］.（2024－06－12）［2024－07－29］. https：//mp. weixin. qq. com/s/jPr8PREkXGND546YkJ9fcg.

［2］陈卫东. 中国"新能源七子"会取代石油七姊妹吗？［EB/OL］.（2024－07－11）［2024－07－29］. https：//www. jiemian. com/article/11400324. html.

［3］中华人民共和国海关总署. 2023 年"新三样"产品合计出口增长 29. 9％，首次突破万亿元大关——中国外贸新引擎日益强劲［EB/OL］（2024－01－23）［2024－07－29］. http：//www. customs. gov. cn//customs/xwfb34/mtjj35/5644345/index. html.

河钢塞钢:"一带一路"倡议中的钢铁传奇①

0 引言

2024 年 4 月 29 日,斯梅戴雷沃钢厂的塞尔维亚籍职工们收到了一个振奋人心的消息——中国国家主席习近平亲自回信,勉励他们为中塞友谊作出新的贡献。习近平主席在信中高度肯定了斯梅戴雷沃钢厂的成功,称其为中塞两国高质量共建"一带一路"的生动实践,也是两国互利合作的成功典范。这封信不仅是对钢厂成就的认可,更为员工们注入了新的动力,让他们感受到肩上沉甸甸的责任和使命。

1 背景介绍(斯梅戴雷沃钢厂与"一带一路"的命运交织)

斯梅戴雷沃钢厂成立于 1913 年,位于塞尔维亚的小城斯梅戴雷沃。这座钢厂曾是该市的经济支柱,在鼎盛时期为斯梅戴雷沃市贡献了 40% 的财政收入,被誉为"塞尔维亚的骄傲"。高大的烟囱、繁忙的生产线和热火朝天的工作场景,都是这段辉煌历史的见证。

① 本案例由河钢集团有限公司副总经理李毅仁与上海交通大学安泰经济与管理学院葛冬冬共同撰写。在写作过程中得到了案例企业的支持,并参考了现有公开信息及企业授权资料。该案例的目的是用来做课堂讨论的题材,而非说明案例所述公司管理是否有效。

　　然而,20 世纪末,斯梅戴雷沃钢厂开始陷入困境。国际市场竞争加剧,再加上管理不善,钢厂逐渐失去了市场份额,经济状况持续恶化。曾经繁忙的生产线变得冷清,工人们的生活也变得困顿。尽管多次寻求转型和外资收购,但都未能成功,钢厂几近停产,职工们的脸上写满了无奈和失望。

　　正当钢厂面临生死存亡的关键时刻,中国提出了"一带一路"倡议。该倡议旨在通过基础设施建设和经济合作,促进共建国家共同发展。作为中国河钢集团国际化战略的重要一环,斯梅戴雷沃钢厂的收购和重组正是这一倡议的具体体现。河钢集团的到来,不仅是为了商业利益,更是为了实现中塞两国的共赢发展。

2　收购过程(收购斯梅戴雷沃钢厂的决心与使命)

　　2016 年 4 月,河钢集团以 4 620 万美元收购斯梅戴雷沃钢厂,成立河钢集团塞尔维亚钢铁公司(河钢塞钢)。作为中国领先的钢铁企业,河钢集团积极响应国家共建"一带一路"倡议,形成了全球化布局的海外事业发展格局。

　　然而,收购斯梅戴雷沃钢厂的决定并非易事。王经理是河钢集团海外事业部的资深项目经理,因其在海外并购和企业重组方面丰富的经验,被选中担当此次重任。面对这家濒临倒闭的钢厂,他心情复杂,既有希望也有担忧。收购当天,王经理站在厂区门口,看着缓缓降下的塞尔维亚国旗和升起的中国国旗,心情无比激动。他深知,这不仅是两国经济合作的新起点,更是中塞友谊的象征。

3　面临挑战(重振斯梅戴雷沃钢厂的艰难征程)

　　收购完成后,王经理和他的团队迅速展开工作。第一次走进车间,看到陈旧的设备、斑驳的机器和工人们脸上流露出的失落和无奈,机器发出的噪声混杂着工人们低声的议论,管理团队成员心里沉甸甸的。面对工人们的困惑和不安,管理团队明白,要让这家百年老厂重生,需要付出巨大的努力和智慧。

　　首要任务是稳定人心。在首次职工大会上,新来的管理者面对全体职工,声音洪亮地承诺:"我们知道,过去的几年对大家来说非常艰难,但我向大家保证,我们不会裁员。每一位工人都是钢厂的重要一员,我们会一起迎接钢厂的重生。"承诺让工人们的脸上露出了久违的笑容,但团队清楚,真正的考验才刚刚开始。

3.1 技术落后的挑战

团队首先面临的是技术落后的巨大挑战。钢厂的设备大多是20世纪七八十年代的产物,早已无法适应现代化生产的需求。技术团队开始对现有设备进行全面评估,制定详细的升级改造计划。

在一次检查中,技术总监指出某台轧机已运行近40年,许多部件严重老化,必须尽快更换。团队决定制定升级方案,引进最先进的技术和设备,以提升生产效率和环保水平。

3.2 人员安置的挑战

除了技术问题,人员安置也是一个棘手的问题。钢厂有5 000多名员工,其中许多都是在这里工作了一辈子的老员工。管理团队深知,这些工人对钢厂有着深厚的感情,而他们的任务不仅是保持工厂的运转,而且要确保这些工人能有一个稳定的工作环境。

管理者和团队成员每天都在员工宿舍和工厂之间奔波,了解每个部门的情况。一次,王经理在员工休息室里遇到了伊万,1名在钢厂工作了30年的老员工。伊万忧心忡忡地问:"经理,我们真的不会失去工作吗?"王经理握住他的手,坚定地说:"不会的,我们会一起努力,让钢厂重新焕发活力。"

3.3 接管管理团队的挑战

接管一个全新的管理团队本就是一项艰巨的任务,而这次,面对的是一个文化背景、工作习惯与管理理念都与中国大不相同的外国公司团队。原有的管理层对新的管理模式和方法感到陌生甚至抵触,如何取得他们的信任和合作,成为团队面前最大的难题。

团队成员深知,在塞尔维亚,人们高度重视工作和生活的平衡,员工习惯了固定的工作时间和充足的休息。当地的管理层对河钢集团的"高效率、高投入"的管理方式存在疑虑和不安。在办公室与几位塞方管理层成员讨论时,王经理明显感受到他们的紧张和防备。这种无形的文化隔阂,让他意识到,需要更多的耐心和智慧来打破这种隔阂。

4 管理策略:三个本地化(河钢塞钢的本土化之道)

与许多依赖总部指挥的跨国企业不同,塞钢的特别之处在于它的高度自主性和对本地市场的敏捷反应能力。塞钢的管理团队在日常运营中被赋予了极大的决策权,能够根据市场变化迅速调整战略。这种灵活性不仅提升了塞钢的竞争力,也使其能够在复杂多变的国际环境中保持长期增长。

4.1 利益本地化

为了让斯梅戴雷沃钢厂重获新生,现代化改造和环保升级是关键。王经理和他的团队制定了一系列详细的改造计划,并积极与塞尔维亚政府和河钢集团总部沟通,争取资金和技术支持。尤其是在环保方面,河钢塞钢不仅需要满足严格的欧洲标准,而且要符合中国的环保要求。河钢集团在环保领域拥有多项专利和技术支持,这为他们的改造项目提供了强有力的技术保障。在设备升级的过程中,河钢塞钢采用了先进的环保技术,确保新设备不仅提升了生产效率,而且有效降低了排放,满足了欧洲和中国的环保标准。这种结合了创新技术和严谨管理的策略,展示了河钢集团在国际化过程中通过技术专利和管理经验应对复杂的环保挑战的能力。

4.1.1 新烧结机项目的启动

2019年,新烧结机项目启动,这对整个钢厂来说意义重大。然而,该项目的建设过程却充满了挑战与困难。项目团队在设计阶段就遇到了诸多技术难题,从严格的环保标准到生产效率的提升,每个环节都需要精密的计算和创新的思路。在一次关键的测试中,设备未能达到预期的排放标准,给项目团队带来了巨大压力。然而，他们没有放弃，反复优化设计方案，深入分析问题根源，最终找到了最佳解决方案。2022年，新烧结机顺利投产，炉料产能从每年137万吨提高到180万吨，粉尘排放量远低于欧盟标准。看到机器平稳运行，项目团队终于松了一口气，虽然明白这只是钢厂重生的第一步，但这一关键的进展为后续的成功奠定了坚实的基础。

4.1.2　高新技术的引进

除了新烧结机，河钢塞钢还引进了多项高新技术。配备双蓄热技术的步进梁式热轧加热炉和8万立方米高炉煤气柜是其中的代表。新设备显著提高了生产效率和环保水平。团队成员看到这些新设备投入使用，生产效率大幅提升，环境污染问题得到有效控制，心里充满了成就感。为了确保新设备的顺利运行，他们在当地还安排了大量培训课程，帮助工人们掌握新技术。每次培训结束后，培训讲师都会和工人们交流，听取他们的反馈，确保每一个人都能熟练操作新设备。

4.1.3　环保投资与绿色发展

通过持续的环保投资和技术改造，河钢塞钢逐渐成为"一带一路"绿色发展的先行者。王经理不仅关注生产效率的提升，更注重环保措施的落实。河钢塞钢实施了一系列环保项目，如建设污水处理系统，减少有害气体排放等。这些项目不仅提升了钢厂的环保水平，而且赢得了当地居民的赞誉。王经理在厂区视察时，遇到了一位当地居民。这位居民告诉王经理："自从你们来了以后，钢厂的污染减少了很多，生活环境也变好了。谢谢你们！"王经理听到这番话，感到非常欣慰。他知道，他们的努力没有白费。

4.2　用人本地化

管理团队在收购初期就向工人们承诺不会裁员，并将原有5000多名职工全部保留。这一承诺稳定了工人们的情绪，为钢厂的平稳过渡奠定了基础。团队深知安定职工的情绪和提供成长机会是企业长远发展的关键，因此，制定了详细的员工培训和职业发展计划，确保每一位员工都能在新的环境中找到自己的位置。

4.2.1　稳定员工情绪

收购之初，钢厂的工人们对未来充满了不确定性。王经理通过多次职工大会和一对一的交流，向工人们传达公司的计划和愿景。他强调，河钢集团致力于让每一位员工都能在新的钢厂中找到自己的位置，并提供了详细的职业发展计划。

此外，公司还安排了心理咨询和团队建设活动，帮助员工们缓解压力，增强信心。每次活动结束后，团队成员都会与员工们交流，听取他们的建议和意见。通过这种方式，不仅稳定了员工们的情绪，而且增强了他们对公司的信任和归属感。

4.2.2　员工培训和职业发展

自 2016 年以来，河钢塞钢为近 2000 名塞方职工举办了多期赴华培训和境外培训，使许多普通员工迅速成长为业务骨干。废钢与二级原料采购部部长米奇就是其中的受益者。每次培训回来，米奇总是兴奋地与同事们分享在中国学到的新知识和技能。米奇回忆道："第一次去中国培训，我感到非常新奇和激动。那里有很多先进的设备和管理方法，我学到了很多新东西。"王经理看着米奇的成长，感到非常欣慰。他认为，只有不断提升员工的技能，才能确保钢厂的长远发展。

除了技术培训，当地团队还推行了多项职业发展计划，鼓励员工积极参加公司组织的各类培训，并为他们提供更多的职业发展机会。通过这些措施，员工们不但提升了技能，还增强了对公司的归属感。

4.2.3　激励措施与员工关怀

为了激励员工，团队还推出了一系列奖励措施。例如，每年评选优秀员工，给予他们物质和精神奖励。每次评选活动结束后，王经理都会亲自颁奖，并在会上公开表彰他们的贡献。在工作之余，王经理还特别关心员工的生活。他定期走访员工宿舍，了解他们的生活状况，帮助他们解决实际问题。他发现一位老员工的家由于电线老化引发了火灾，造成家人生活困难。王经理立即安排公司给予援助，并亲自带队去看望受灾家庭，送去慰问品和生活必需品。这些关怀举措让员工们感受到了公司的温暖，也增强了他们对公司的归属感。

4.3 文化本地化

河钢团队在管理中充分尊重当地的文化和习惯，努力实现文化本地化。了解到塞尔维亚当地人重视家庭和休假，不加班是常态，因此，河钢塞钢严格按照当地的工作时间安排工作，并保留了职工原有的福利和休假制度。这些措施不仅赢得了员工的认可，而且促进了中塞员工之间的文化交流和理解。

4.3.1 尊重当地文化

在日常管理中，管理团队提出要时刻注意尊重和融入当地文化，尊重当地的节假日安排，确保员工能有充足的时间陪伴家人。他们还带头组织活动，鼓励中方员工学习和了解塞尔维亚文化，积极参与当地社区的活动。例如，公司组织了多次中塞文化交流晚宴，中塞员工一起分享特色的美食、交流文化，气氛非常融洽。美食也能成为一种"共情"，超越种族和语言的界限。这种尊重和融入当地文化的做法，不仅增强了员工的归属感，而且促进了中塞员工之间的相互理解和友谊。

4.3.2 支持文化活动

中方管理团队还积极参与和支持钢厂的文化活动，如为退休职工举办退休仪式，为职工家属的学龄儿童举办参观活动等。这些举措不仅增强了职工的归属感，而且促进了中塞员工之间的文化交流和理解。一次，王经理亲自参加了一位老员工的退休仪式。这位员工在钢厂工作了 40 多年，看到他激动的样子，王经理非常感动。他亲手将一份精美的纪念品递给这位老员工，并说："感谢您多年来为钢厂所做的贡献，希望您退休后的生活幸福美满。"这番话让在场的所有员工都深受感动。

5 深入本地化的成功之道

河钢塞钢的成功与许多其他国际化企业的经历相比，具有显著的区别。这些区别主要体现在本地化策略的深度和综合性处理问题的能力上，这些都是推动其成功的关键因素。

5.1 本地化策略的深度

许多出海企业在国际化过程中倾向于采用"总部主导"的模式，这种模式虽然可以确保企业的核心价值观和标准，但往往忽视了本地市场的独特需求和文化差异。相比之下，河钢塞钢在本地化策略上展现了更深层次的理解和执行力。很多企业在进入新市场时，虽然会尝试适应当地的业务环境，但往往忽略了员工的文化适应问题。相对而言，河钢塞钢通过深度融入当地文化，积极进行文化交流和融合，使得中国员工和当地员工能够在共同的文化氛围中更好地协作。这种文化本地化的做法，促进了不同文化背景员工之间的相互理解和合作，从而提高了团队的整体效率和凝聚力。

5.2 技术与管理的综合解决方案

在技术和管理方面，许多国际化企业在面对技术挑战时，往往采取较为直接的解决方案，如设备替换或引入标准化的操作流程。然而，河钢塞钢面对老旧设备和环保要求时，选择了更加精细化的解决办法。公司不仅对设备进行了全面升级，还针对环保标准进行了深入的技术优化，确保设备在提升生产效率的同时，也符合严格的环保要求。这种对技术细节的关注和改进，体现了公司在应对复杂技术问题时的严谨态度和创新能力。

5.3 人员管理的系统性

与许多企业在国际化过程中较为表面的人员安置措施不同，河钢塞钢对员工的管理采取了系统性的方法。在处理员工的情感和职业发展方面，河钢塞钢不仅承诺不裁员，而且通过提供职业发展机会和定制化的培训计划，确保员工能够适应新的工作环境并不断成长。这种综合性的人员管理策略，帮助员工进行平稳过渡，提升了他们的工作满意度和对公司的忠诚度。

5.4　环保与社会责任

在环保和社会责任方面,许多国际化企业在进入新市场时,往往将其视为附加的要求,而更多关注于自身业务的盈利和扩展。然而,河钢集团把环保和社会责任融入企业战略的核心,将自身积累的多项环保技术应用在塞钢项目中,实施了一系列环保项目和社会责任活动,不仅改善了生产环境,而且赢得了当地社区的认可,为企业在新市场中的长期成功提供了有力支持。

6　尾声

河钢团队通过实施利益本地化、用人本地化和文化本地化,不仅让斯梅戴雷沃钢厂重获新生,而且为中塞两国的友谊与合作树立了典范。这种全面的本地化管理策略,使得河钢塞钢的成功模式在其他市场同样具有推广价值。通过关注当地利益、重视员工发展和尊重文化差异,企业可以在不同国家实现成功运营,为全球钢铁行业提供了范例。王经理站在斯梅戴雷沃钢厂的厂区,望着新建成的现代化生产线和忙碌的工人们,心中充满了自豪和感激。他深知,这不仅是他个人的成功,更是中塞两国合作的结晶。这一切源于他和团队的坚定信念和不懈努力,更是中塞友谊和"一带一路"倡议下合作共赢的最好见证。

在"一带一路"倡议的引领下,更多中国企业将走向世界,书写属于自己的辉煌篇章。河钢集团在斯梅戴雷沃钢厂的成功实践,不仅推动了中塞两国的经济合作,而且为"一带一路"倡议的实施提供了有力支持。王经理坚信,中塞友谊将在未来的岁月中愈加深厚,而河钢塞钢的故事也将成为这段友谊中最动人的篇章之一。

未来,更多中国企业可以借鉴河钢塞钢的经验,在国际市场上取得成功,进一步推动"一带一路"合作伙伴的共同发展。王经理用实际行动证明了这一点。他的努力不仅让斯梅戴雷沃钢厂重新焕发了活力,而且为中塞友谊增添了新的内涵。通过这段充满挑战但意义非凡的旅程,王经理收获了宝贵的管理经验,也为全球钢铁行业提供了一个成功的范例。

启发思考题

(1)跨国经营中的本土化战略有哪些?河钢塞钢采取了哪些本土化战略?它们的优劣势分别是什么?

(2)你认为河钢塞钢在未来的国际化道路上会遇到什么潜在的问题?

汇聚合力，推进高质量共建
"一带一路"行稳致远①
——中建咨询以实际行动诠释"中老命运共同体"

0 引言

2013 年，习近平总书记着眼人类前途命运及世界发展大势，提出构建人类命运共同体理念②，激活了 2 000 多年前先辈们开启"古丝绸之路"这一人类历史文明发展、交融的深刻记忆；随即，又提出"一带一路"倡议③④，为构建人类命运共同体提供了实践平台，也激发了 150 多个国家实现"和平、发展、合作、共赢"梦想的热情。十年耕耘终不负，处处繁华满目新。在各方的共同努力下，非凡十年的"一带一路"务实合作持续深化拓展，为各国发展经济、增加就业、改善民生作出了积极贡献，也给大大小小的中国企业提供了参与这项"世界工程"的舞台和机遇。

---

① 本案例由中建西南咨询顾问有限公司撰写。该案例的目的是用来做课堂讨论的题材而非说明案例所述公司管理是否有效。
② 习近平. 国家主席习近平在莫斯科国际关系学院的演讲（全文）[EB/OL]. (2013 - 03 - 24) [2024 - 08 - 29]. https://www.gov.cn/ldhd/2013 - 03/24/content_2360829.htm.
③ 魏建华，周良. 习近平在哈萨克斯坦纳扎尔巴耶夫大学发表重要演讲[EB/OL]. (2013 - 09 - 07)[2024 - 08 - 29]. https://www.gov.cn/guowuyuan/2013 - 09/07/content_2584772.htm.
④ 习近平. 习近平在印度尼西亚国会的演讲（全文）[EB/OL]. (2013 - 10 - 03)[2024 - 08 - 29]. https://www.gov.cn/ldhd/2013 - 10/03/content_2500118.htm.

1 工程咨询企业国际化发展现状

随着中国综合国力不断提升，国家"鼓励有竞争优势的企业开展境外加工贸易，带动产品、服务和技术出口"①。越来越多的中国企业走出国门，世界各地都能看到中国工程承包企业的身影。美国《工程新闻纪录》(ENR)榜单中中国上榜企业数量持续增长，整体业务规模保持稳定发展，体现了中国承包企业践行"走出去"战略在全球基建行业中取得的领军地位。

伴随着"走出去"的中国承包企业日益增多，有的企业甚至逐渐处于国际承包商"龙头"地位，而作为境外建设的智囊团，工程咨询企业在国际工程咨询行业中却处于劣势，企业走出去力度小，不能深入参与国际化竞争，不能为我国的对外工程承包业进一步高质量发展提供有力的配套支撑。而当前，国际工程承包行业处于转型升级的关键时期，需要咨询行业充分发挥高端引领作用，打造新动能、新优势，为下游的对外承包业提供便利条件和竞争优势，共同推进我国产品、技术、服务和标准"走出去"。应该说，中国工程咨询行业肩负着大国工程"走出去"的历史使命。

而对标国际咨询业，我国工程咨询行业呈典型的"碎片式管理"模式，咨询服务板块分散委托，分阶段服务，服务延续性较差，各咨询服务方的管理目标差异明显。此外，目前国际上主流的标准由欧美国家制定，中国的话语权不足。标准体系不一致，国际竞争力不足，限制着企业踏出"走出去"的第一步。故加快我国建设组织模式与国际主流接轨，并进行中国标准输出，是咨询行业国际化面临的突出挑战。

2 对外援助成套项目管理模式的诞生

70 多年来，中国在致力于自身发展的同时，始终坚持向经济困难的其他发

---

① 中华人民共和国国民经济和社会发展第十个五年计划纲要[EB/OL]. (2001 - 04 - 30)[2024 - 08 - 29]. https://www. gov. cn/gongbao/content/2001/content_60699. htm.

展中国家提供力所能及的援助,帮助受援国增强自主发展能力,丰富和改善人民生活,促进经济发展和社会进步。进入 21 世纪以来,我国对外援助额呈现了前所未有的高增长,而成套项目作为中国最主要的对外援助方式,在"一带一路"倡议实践中举足轻重。故而推动对外援助项目有效运行与延伸,是深化贯彻"人类命运共同体"及"一带一路"倡议的潜在要求。

但受制于上述国内工程咨询任务分散委托下发包管理模式的弊端,援外成套项目的工期及投资等管理压力都较大。为加强对外项目的管理,提升其管理质量,商务部率先于 2016 年初提出了《对外援助成套项目管理办法(试行)》,打破了原来传统咨询服务委托分散的局面,采用"采购-施工"(以下简称 P - C 方式)承包方式,即项目管理企业承担成套项目的专业考察、工程勘察、方案设计、深化设计和全过程项目管理任务,工程总承包企业承担施工详图设计和工程建设总承包任务。

这种管理模式的建立,给国内咨询企业通过参与援外项目提升国际化管理水平提供了良好的平台。由具备类似项目设计或管理、监理经验的大型设计院或设计院与咨询服务公司所组成的联合体作为成套项目管理企业,统筹负责项目前期设计及后期建设实施,承担项目经济技术主要管理责任,对参与援外项目的设计院或咨询公司来说提供了一个整合管理资源、对标国际咨询服务模式、获取一体化项目管理经验的机会。

3　中建咨询援建历程

心怀"国之大者",作为央企,中建西南咨询顾问有限公司(以下简称中建咨询)积极践行"走出去"战略,与母公司中国建筑西南设计研究院有限公司(以下简称中建西南院)组成联合体,借助国内大型综合设计院平台优势,集成"设计＋管理"资源,管理完成多个"小而美"的民生项目,让"中国援助"在多国开出友谊之花。中建咨询在践行咨询行业"走出去"使命的同时,也提升了自己的国际竞争力。

2016 年,中建咨询积极响应国家对外援助"承包责任制"号召,入选商务部首批对外援助成套项目管理实施企业库,具备了援外成套项目管理任务承接资格。之后,中建咨询积极参与多个项目投标,从零开始,探索实施模式及管理要点，推动项目顺利建成落地。截至目前，中建咨询顺利承接了包括援冈比亚国际会议中心、援老挝万象市皮瓦中学、援圭亚那中国-圭亚那友谊乔维拉公园等多个援外成套项目，项目遍布非洲、东南亚及南美洲，项目类型涵盖会议中心、体育场、学校、市政公园等民生项目。

老挝和中国山水相依，友好关系历久弥新。2023年，在"一带一路"倡议提出10周年之际，由中建西南院和中建咨询联合承担项目管理任务的援老挝万象市皮瓦中学项目顺利移交，使中老两国人民的传统友谊焕发新光彩，推动两国人民民心通、情相连，助力中老命运共同体建设行稳致远。接下来，我们以援老挝万象市皮瓦中学项目为案例走进中建咨询的援外之旅。

3.1　项目背景

1961年，中国和老挝正式建立外交关系。双方在政治、经济、军事、文化、卫生等领域的友好交流与合作不断深化，在国际和地区事务中保持着密切的协调与合作。

原皮瓦中学位于老挝首都万象市西沙达纳区，属于万象市中心地段。原有建筑始建于1959年，校舍主体已使用60余年，年久失修，教室规模不达标，设备设施老旧，老方对更新校舍需求强烈，并提出在原址上进行校舍更新需求，以满足老方对完全中学教育的发展规划。

为此，在两国政府的友好协商下，由中华人民共和国云南国际经济技术交流中心和老挝人民民主共和国万象市教育与体育厅代表双方签订了项目实施协议。项目确定采用PC建设模式，分别由云南国际经济技术交流中心和老挝万象市教育与体育厅任主管部门，实施各方权利，负责项目的组织实施和协调管理，由中方在原址上建设一所可容纳约1 400名学生的新校舍，实现25～30人/间教室的目标。同时，项目建设标准采用中华人民共和国建设工程技术标准及设计规范，并考虑老挝当地习惯做法和现行主要强制性标准、规范条款。建设内容主要包括普通教室50间，化学、物理、生物实验室各1间，自然科学实验室、微机教室各2间，汉语教室1间，图书阅览室2间，以及配套教师办公室、校长室、会议室、必要的附属用房及室外活动场地。

3.2 建设模式

　　援老挝万象市皮瓦中学项目为"中方代建"模式的对外援助成套项目。具体由中国政府受受援方委托负责项目的勘察、设计、建设和调试运行全过程任务，以交钥匙形式交付受援方使用，并提供建成后长效质量保证和配套技术服务的管理模式，实行"项目管理＋工程总承包"的实施方式和企业承包责任制。

　　中建西南院和中建咨询为项目管理企业，负责项目的专业考察、工程勘察、建设用地红线范围内所有建筑物、构筑物、配套工程及室外工程的设计工作，并对施工全过程进行监督管理。云南建投为总承包企业，负责为项目所包含工程内容提供项目所需施工机械、设备、材料，派遣必要数量的工程技术人员赴老挝组织施工并对设备进行安装调试，项目建成后提供为期 2 年的技术合作支持等。

3.3 输出中国设计

3.3.1 拾记忆，赋新生

　　作为有着悠久历史的中学，原有建筑始建于 1959 年，老旧失修，校园的更新建设对于老挝普及义务教育的战略方针有着重要的意义。60 年时光使这所学校完全融入了城市及市民生活，也承载了众多万象市民对学生时代的美好回忆，这段栖居、成长的时光极为珍贵。设计团队将这些时光片段进行整理和重构，让记忆得以新生，并尝试可持续"低技策略"与"被动式理念"，使之成为一座根植地域、面向未来的现代建筑。

　　设计团队将校园的大树原址保留，希望它能继续成为学校的文化图腾及精神支柱，其余两棵老树移植到建筑北面的试验田中，在校园中轴线上通过架空空间与校园主入口形成对景关系，让师生在斑驳的光影中延续"环境的记忆"；将原教学楼的通风护栏、镂空花墙、遮阳百叶、木质门窗等建构细节及色调进行提炼并应用到新建建筑中，延续师生"视觉的记忆"；在树荫下活动和嬉戏，在校园便利店购物和休息，是校园生活的记忆，新建建筑在保留大树附近设置架空层，作为休憩场所，力图保留师生原有的生活方式，从而延续校园"生活的记忆"；对建筑体量进行合理控制，使之融入城市整体肌理，同时将老挝传统建筑的歇山屋顶、重檐门头、神龙装饰等元素抽象应用到新建建筑中，使之在彰显现代性的同时，又延续了"城市的记忆"。

3.3.2 因地制宜，和谐共生

老挝万象市属热带、亚热带季风气候，旱季高温，雨季多雨，自然通风降温与应对大量降水尤为重要。设计团队充分尊重老挝当地的气候特点，在建筑布局、建筑空间、建筑构造上做了相应处理。

根据当地主导风向进行建筑风环境模拟，以之生成了架空区域空间，形成"穿堂风"，并且结合中庭形成由下而上的拔风体系，改善建筑小气候；首层楼面较室外地面抬高 1 米，防止雨季内涝；建筑内部采用廊道串联所有房间，保证雨季的通达性；利用坡屋面造型设置空气隔热层，并在屋顶山墙处设置镂空格栅，以自然通风降低屋顶温度；楼梯间墙体采用镂空花格墙，走廊外侧采用透空栏板，外窗设置通风百叶窗，窗户可开启面积最大化，局部采用立体绿化，以增加整体建筑通风散热效果；外立面设置水平及竖向遮阳，减少夏季阳光直射。整个设计因地制宜，使校园与整个环境和谐共生。

3.3.3 高质量开展建设实施管理

考虑到项目政治因素强、工作任务重，中建咨询从严甄选具备丰富海外项目设计与管理经验的人员组建项目团队，积极推进完成前期的考察、勘察、设计等工作。2021 年 2 月，国内外新冠疫情形势严峻，且值春节前期，万家团圆，而现场管理团队先遣组勇敢"逆行"，毅然背井离乡奔赴老挝组织落实开工准备事宜。

先遣组进入老挝后，与老挝相关政府部门接洽和准备项目开工的各项条件。因原皮瓦中学还在使用中，为保证老方学生能正常接受教育，必须将临时过渡学校修建完毕后才能腾空建设场地。项目先遣组积极与老方政府部门协调临时学校的建设用地、建设方案，考察市场筹备建设材料，并制定进度计划。在各方的共同努力下，仅用时 1 个月便完成了可容纳 800 名师生的临时学校的建设。在移交给老挝万象市教育与体育厅时，得到了老方的高度评价。

将师生安顿到临时校舍以后，工程建设迎来下一个阶段，即拆除老校区。拆除过程中，建渣外运及堆放、校园内树木的砍伐等均须取得老方的书面批准。

但老挝政府管理环节多,书面批文进度缓慢。为尽快推进项目进程,中方人员积极研讨,每件事务专人跟踪,多次与老方政府协商,每天到点督促,让老方对接人员"被卷"工作,最终妥善解决了各项报批事宜。此外,老方额外提出的对校内物资、百年老树的保护、各种线缆的迁改等都给拆除工作增加了难处。校方还提出对老校舍废旧门窗进行二次利用,拆除工作难度远超预期,需要付出比原计划加倍的人力和物力。管理组化身润滑剂,一方面做好外方对接,一方面安抚施工单位,最终顺利完成了前期保护工作。

项目地处老挝万象市核心地区,场地狭小,所建教学楼为院落式布局,沿周边围合而成,平面呈"回"字形,同时,老方要求院内保留一棵树干直径约 1 米的大树。因此,受各种因素制约,施工场地临建布置难度极大。此外,作为中方援建项目,且地处繁华核心区,安全文明施工管理尤为重要。现场管理组高度重视,将施工场地临时设施布置、现场围挡打造、安全文明施工作为项目现场管理的重点。根据现场具体的施工场地位置、大小和周边建筑物情况,组织总包企业设计临设方案,在平面布置时合理规划每一寸土地。针对项目围挡,中方采用绿网覆盖式,场地四周设置排水沟,经过三级沉淀后排入市政管网,并严格控制光污染和噪声污染,减少对周边政府部门的影响。组织总包单位在围挡上设置简洁大气、清晰醒目的项目信息牌及对外援助标识,起到了良好的对外宣传作用。因场地用地受限,无法在场地内搭设临时生活区,中方就近租用附近闲置房屋以供工人使用,方便工人上下班,并统一管理,现场工作生活井然有序。

2021 年 4 月中旬泼水节后,老挝国内新冠疫情暴发,万象市政府采取了"封城"措施防止疫情蔓延。为执行老方疫情防控政策,确保项目部人员安全,经与云南经济技术交流中心、驻老大使馆经商处、老方政府商榷,取消了项目开工仪式。但项目进程不容耽误,项目部现场管理组和施工技术组联合成立了新冠疫情防控工作组,在采取紧急防疫措施、编制完善的疫情防控方案及应急预案、做好各项现场防疫措施安排后开工。

在项目建设过程中,全球疫情肆虐,项目管理和总包企业认清形势,将疫情防控与项目推进工作同研究、同部署、同推进。树牢常态化疫情防控思想,做好谋划与防范,严格管理,制定科学有效的防范措施,包括封闭管理、人员通勤、外出采购、入场登记、体温测量、物资储备、日常消杀等,并做好应急准备,打赢了疫情防控这场硬仗。通过项目全体人员的共同努力,项目未发生一名人员感染和异常状况,保证了项目顺利推进。

项目实施以来,管理团队始终谨记央企政治站位,严格按设计和中国标准进行现场管控,经过 20 个月的努力,项目于 2023 年 1 月 7 日通过国内第三方专家组验收,较原计划工期提前竣工,项目质量最终被评定为"优良"。

3.3.4 落地生花

这座有着 60 年发展的学校,寄托了一代代青少年的求学之梦。随着新校舍的建成,这颗承载着中老两国希望与友谊的"种子"也正式萌芽开花,1 400 名老挝学子将在此开启新的旅程。

2023 年 3 月 30 日,在云南国际经济技术交流中心、中国驻老挝大使馆经商处的领导和支持下,在各参建方的共同努力下,项目正式完成对外移交。老挝国家副总理沙伦赛·贡玛西,万象市市长阿沙庞通·西潘敦,中共中央委员、云南省委书记王宁,中国驻老挝大使姜再冬,中国驻老挝大使馆经济商务处参赞赵文宇,云南省商务厅厅长李晨阳,以及老挝计划与投资部、老挝教育和体育部、老中合作委员会、云南省外事办等相关单位代表出席了移交仪式。

在移交仪式上,万象市市长阿沙庞通感谢中国政府对老挝在教育领域的宝贵援助,并表示中老睦邻友好,拥有共同的社会主义理想,在两党两国领导人的带领下,两国友好关系不断发展,全面战略合作伙伴关系硕果累累,"四好"精神和老中命运共同体关系牢不可破,希望皮瓦中学项目为老挝的社会经济发展、教育基础设施建设和人力资源发展做出应有的贡献。

4 尾声

2017 年 11 月,中共中央总书记、国家主席习近平对老挝人民民主共和国进行国事访问,强调在新时期、新形势下,中国将全面深化与老挝的战略合作伙伴关系,继续打造中老牢不可破、具有战略意义的命运共同体[①]。也正如姜再

---

① 人民网. 习近平在老挝媒体发表署名文章 携手打造中老具有战略意义的命运共同体 [EB/OL]. (2017 - 11 - 14)[2024 - 08 - 29]. http://world.people.com.cn/nl/2017/1114/c1002 - 29644172.html.

冬大使在援老挝万象市皮瓦中学项目移交仪式上所说,中老传统友谊源远流长,互利合作成果丰硕,皮瓦中学项目正是中老友谊的缩影和结晶。中共二十大提出实施科教兴国战略,强化现代化建设人才支撑,并强调推动构建人类命运共同体,坚定支持和帮助广大发展中国家加快发展。我们愿同老方深入贯彻落实两党总书记达成的重要共识,在全面推进中国式现代化的进程中,积极构建中老命运共同体,使中国的发展更多惠及老挝。

"一带一路"倡议已提出12年,在这期间,希望的种子漂洋过海,在驼铃帆影的丝路古道上生根发芽,开出一朵朵友谊之花。中建西南院和中建咨询始终坚持全面贯彻落实习近平新时代中国特色社会主义思想,牢记援外初心,认真履行央企使命,通过一个个实战项目,逐步形成具有中建咨询特色的援外成套项目管理体系,绘就了公司在援外管理领域的蓝图,也为公司参与国际工程咨询奠定了良好的基础。接下来,中建咨询也将继续为促进我国对外援助事业高质量发展、助力共建"一带一路"走深走实、推动构建人类命运共同体作出积极贡献。

附:老挝万象市皮瓦中学项目相关照片(由案例企业提供)

夜幕下的援老挝万象市皮瓦中学

援老挝万象市皮瓦中学正门

援老挝万象市皮瓦中学承载记忆的古树

援老挝万象市皮瓦中学校园外侧视角

援老挝万象市皮瓦中学侧立面视角

启发思考题

（1）中建咨询在老挝万象市皮瓦中学项目中遇到的阻力有哪些？又是如何克服的？

（2）中建咨询在国际化进程中实施了哪些关键性的属地化举措？除了文章中已阐述的属地化举措之外，进一步探讨中国企业在扬帆海外时，还应深入考量的属地化管理举措。

海外最佳雇主:隧道股份的属地化管理之道①

0 引言

2023 年 5 月,上海隧道工程股份有限公司(下称"隧道股份")获评新加坡"最佳雇主"②,这是继 2020 年、2021 年和 2022 年后,该公司在新加坡第四次荣登榜单——在新加坡,"最佳雇主"的评选是一项极具影响力的国家级大型综合评选。隧道股份的四次当选不仅彰显了该企业在海外过硬的综合实力,也成为国内企业服务"一带一路"合作伙伴建设的上海榜样。

隧道股份是国内首家基建类上市公司,业务覆盖隧道、轨道交通、道路桥梁、建筑与房地产、水利水务、能源、地下空间、重大装备、绿色材料、数字化业务、建设金融等各个领域。作为中国改革开放后首批"走出去"企业,从 20 世纪 90 年代起,隧道股份先后进军新加坡、中国香港和印度等基建市场。1996 年,隧道股份在新加坡成立子公司;1998 年,隧道股份在新加坡成立分公司。到如今,隧道股份已进入新加坡市场 29 年,承建了当地众多重大民生工程,已逐渐

① 本案例由上海交通大学安泰经济与管理学院孔茗撰写。在写作过程中得到了案例企业的支持,并参考了现有公开信息及企业授权资料。感谢上海交通大学安泰经济与管理学院井润田教授对本文写作的指导。该案例的目的是用来做课堂讨论的题材而非说明案例所述公司管理是否有效。

② 新加坡最佳雇主评选由新加坡《海峡时报》和全球知名市场研究公司 Statista 联合发起。符合参评标准的企业有 1 700 家,分布在科技、建筑等 26 个行业。调查内容包括薪资制度及水平、工作与生活的平衡、发展潜力、工作环境及雇主声誉等方面,由市场研究公司结合数万份评估、数千名工人的意见对雇主进行评估,最终得出榜单。

从专业供应商发展为新加坡本地知名的具有独立设计、采购、施工、管理能力的资源集成商。在该企业国际化突围的进程中，扎实推进"学习—融入—内化—引领"的属地化管理过程发挥着重要作用。

1 重器出海，隧道股份的国际化突围

1.1 "在红海中寻找蓝海"，凭借实力扎根新加坡

走出国门之初，隧道股份并没有选择跟随国家援建项目和资金进入非洲、南美等援建国家，而是将开疆拓土的"第一站"选择了市场完全开放、相对公平且透明度极高的新加坡市场。目的只有一个，就是要和国际建筑市场接轨，以真正市场化的方式参与国际竞争，向国际领先企业学习，为企业谋求长远发展。但是，与此同时，该企业也不得不面对"在红海中寻找蓝海"的竞争压力。新加坡是"一带一路"沿线节点国家，市场规则透明、竞争充分，地铁施工领域早在20世纪90年代便已经是一片充分竞争的"红海"。而且，刚进入新加坡建筑市场时，隧道股份处于第三梯队，第一梯队主要以日韩企业和欧美企业为主。但该企业没有急于扩张，也没有追求固定指标，而是以资源为导向，积极向第一梯队企业学习其严肃的契约精神、严谨的采购制度和严格的成本分析及控制方法等，同时，也以积极的姿态去了解、适应和驾驭属地的营商环境。在通过学习不断重塑企业和管理者国际化思维的同时，隧道股份还主动挑战有难度的工程项目，开拓利润空间，寻找高速增长的机会，不断探索"蓝海"。

在新加坡市场，在以轨道交通建设为核心的基础上，隧道股份以核心竞争力为导向，提升品牌效应，持续深耕大直径隧道、轨道交通、大型地下工程、大型公路与市政工程等业务。在新加坡激烈的市场竞争中，隧道股份始终保持着较强的竞争优势。经过多年的发展，在新加坡这个法规制度严格、竞争异常激烈、建造条件更加复杂的环境里，隧道股份不仅与新加坡和合建筑、日本大林组、韩国 Sambo 等企业建立了深入合作的关系，而且从日本、韩国、美国、意大利等众多国际知名隧道建设企业中脱颖而出，稳稳地扎根于新加坡市场，逐步成长为新加坡当地知名的总承包商，成功实现了"国产盾构"远销海外零的突破。2022年12月，隧道股份联手大林组，获得新加坡地铁跨岛线 CR202 项目，这是隧道

股份第一次把 12 米级大型盾构技术输出到新加坡。2023 年 7 月，新加坡有史以来投资规模最大的水利工程——新加坡深层隧道污水处理系统（DTSS）二期 T11 项目最后一条深层排水隧道 Harbourfront 号盾构机顺利进入接收井，隧道股份积极参建了这项关乎新加坡国家污水处理整体能级提升的"超级工程"。2023 年 10 月，隧道股份获得新加坡樟宜机场地下工程项目 T2C。2024 年 5 月，隧道股份再次荣获新加坡地铁跨岛线 CR203 标，这是其在新加坡轨道交通市场的又一个大单。

1.2 设立海外子公司，加大力度推进属地化管理

隧道股份高度重视新加坡区域，把新加坡区域定位为"努力寻求可持续性发展，提高区域示范性"[①]，把自己定位为一家"将在新加坡谋求长远发展"的企业。基于此，同时也为了进一步加大海外市场的投入力度，提高总公司的抗风险能力和提升企业国际化的效能，隧道股份于 1996 年在新加坡设立了子公司，1998 年设立分公司，2014 年进行重组，把分公司最高投标资质转移到子公司，开始主要以子公司的名义在新加坡市场运营。隧道股份在新加坡的发展历程如图 1 所示：

图 1 隧道股份在新加坡的发展历程

资料来源：由案例企业提供。

隧道股份在新加坡的子公司招募了更多更了解新加坡当地人文背景和经济法规的优秀人才，进一步加大了对属地文化和社会的融合力度，提升了企业

---

① 隧道股份将印度区域定位为全面优化资产结构，追求稳步发展；将中国港澳区域定位为牢牢抓住大湾区发展机遇，取得突破性发展；将马来西亚区域定位为加强主营业务投标，力争再获新标，夯实企业形象；将印尼和越南市场定位为主动拜访潜在业主，寻求市场合作伙伴，稳健投标。

在海外的风险承担能力和美誉度。子公司的成立进一步推进了隧道股份的属地化管理水平。国内总公司的充分授权使得隧道股份在新加坡的国际化进程更加正规化和属地化，推进了总公司把新加坡作为整个东南亚区域总部的建设进程，进而助力隧道股份的国际化突围。

2　制度属地化，为企业在新加坡的长远发展奠定基础

隧道股份从一开始便把自己定位为一家"将在新加坡谋求长远发展"的企业，为此，企业管理层不仅注重把这一理念传达给员工、业主、合作伙伴及整个市场，更是依据新加坡的经济、文化和社会背景对制度进行属地化调整，如薪酬体系、安全制度、考核体系、采购及合约体系、成本控制体系和培训体系等。

以安全制度为例。新加坡是全球安全与职业健康管理最严苛的国家之一，特别是对土木工程企业来说，安全管理更是重中之重。隧道股份始终坚持一丝不苟的安全管理、精益求精的技术水准和数十年如一日的优质管理，在新加坡市场树立起了可靠的企业形象，也为全体员工营造了安全、健康的职业环境。基于新加坡地区严苛的安全管理要求，该企业制定并实施了"人＋AI"相结合的安全管理制度。首先，该企业在新加坡建设了一支由 40 多名安全官组成的核心安全管理团队。在被分配到项目施工现场前，每名安全官都必须参加WSH 室内研讨会及 VR 模拟训练，其中包括上工前面试、日常健康检查及以行为为导向的安全训练，以此来确保安全官和工人的工作效率。其次，高管团队也会采取不定时突击检查等方法确保工地全天候遵守并实施安全规范，通过举行月度表现审查会议以及工人见面会等方式来引导员工重视安全问题。最后，该企业还采用了一套"智慧工地"系统，实现了对施工现场的全方位数字化监控与管理。该系统可实时采集并分析工程建设数据，辅助管理人员识别潜在安全隐患并提前采取预防措施，以确保施工过程中的每一个环节都达到最严格的安全管控。"智慧工地"系统的 VR 安全培训工具也能够帮助员工在虚拟环境中模拟和应对各种危险情境，熟悉安全规程和各类工作标准。

多年来，隧道股份的每个项目团队都始终致力于建设更加安全的工作场所，执行更加完善的安全管理措施等，在新加坡树立起了一个可靠、优质、安全

的形象。截至目前,该企业已累计获得新加坡安全、环境保护及职业健康方面的奖项 200 余次,获得了业主的高度认可。

3 文化属地化,兼容并包地成为属地化企业

面对多元的属地人文和复杂的人员结构,隧道股份打造了包容性极强但又能保持中国企业特有人文背景的企业文化。特别是在"海纳百川、追求卓越、开明睿智、大气谦和"的上海精神的影响下,隧道股份着力建设多元化的团队,同时通过文化引领兼容多元文化带来的国际化视野和工作氛围。

以新加坡对环境保护的重视程度为例。2022 年 12 月,隧道股份在新加坡接了一个大隧道项目,该项目恰好贯穿当地的自然保护区。新加坡环境保护的文化氛围非常浓厚,以该保护区为例,当地政府会投入两年多的时间对其生态进行全面细致的调查。隧道股份积极融入,在启动大隧道项目之前,投入大量的人力物力去了解属地的环保文化及要求。通过全面细致的学习,在大隧道项目的实施过程中,隧道股份特别注意和维护了以下几个方面:一是光照,由于有很多夜间活动的动物,但施工的光照影响了它们的睡眠,因此影响了这些小动物们的生物钟,会造成物种的减少——新加坡当地对物种有严格的监控;二是震动,对土木工程企业来说,重型卡车是必不可少的施工工具,但是,如此一来就会影响小动物们的作息,甚至会对其造成伤害。为了解决以上两个主要问题,隧道股份专门设立了一个生物多样性实验室,还邀请了两位生物学专家进行有针对性的研讨。这个实验室所有的窗户都用黑布遮起来,以模拟夜晚施工的工作环境,在实验过程中,严格模拟所有的施工环节,帮助企业制定一系列有助于维护环境的措施和方法,配合政府开展城市建设,同时也用心维护了属地的环保文化。

除了融入当地文化,隧道股份还十分注重企业内部对不同文化的兼容。邓锐权是隧道股份城建国际新加坡区域中心高级协调经理。深耕建筑行业已有 30 年的他是土生土长的新加坡人。2014 年加入隧道股份新加坡区域中心后,他就一直在这家公司工作。他说,除了工作带来的成就感,隧道股份这家中国公司的企业文化也深深吸引着他:"作为一家中国公司,隧道股份有着多元的文化,对员工也很包容。"邓锐权用了一个比喻,公司就像一个"联合国",有来自多

个国家的工作人员,包括中国、缅甸、菲律宾、马来西亚、印度、孟加拉国、韩国等。公司对不同文化背景的员工具有很强的包容性,和谐的氛围让他在这家中国企业不断创造价值。

在"走出去"服务"一带一路"合作伙伴的过程中,通过与属地文化的兼容并包,29年来,隧道股份已不再是新加坡的外来者和座上宾,而是能够带动当地就业、服务当地发展、提升当地技术与管理水平的属地化企业。同时,多元的文化也让隧道股份能够更好地适应当地的管理环境,真正融入当地市场,与当地政府、客户、合作伙伴之间实现互利共赢。

4 队伍属地化,建设命运共同的人才队伍

在新加坡,除中国外派员工外,隧道股份的大部分员工分别来自包括新加坡本地、马来西亚、韩国、日本、德国、印度、印尼、缅甸、泰国、菲律宾、越南等在内的14个国家,国际化雇员比例超过90%。在隧道股份队伍属地化的执行过程中,第一是注重增加公司高层管理人员的属地化,特别是增加新加坡当地土木管理专业人才在决策层的比例,同时注重对当地管理人才和专业人才的充分授权、平台支持与团队保障,这使得管理决策过程更加科学合理、切合实际,也更有利于执行。第二是注重外派员工的属地化。隧道股份鼓励外派员工扎根新加坡,为此,企业制定了一系列福利政策,如家属津贴、住房补贴等,还鼓励和吸引员工把家属带到新加坡,以促进安居乐业。

贾亚加入隧道股份已经13年了。1996年,他从斯里兰卡移民到新加坡,从此开启了他在新加坡的职业生涯。他先后在日企和韩企工作,又加入了当地的一家建筑公司,从事地铁快速运输项目工作。直到2012年,他全职加入了隧道股份,担任质量管理经理。贾亚说:"我很自豪能成为公司的一员,我也乐于和同事们分享我的知识和见解。"在加入公司的10多年里,他共参与了近20个项目,工作内容是确保项目的质量和建立管理计划。"在我的指导下,公司建立了关键的7个部门和工作流程,来提升公司的管理能力。我还帮助建立了公司内部的审计制度,确保公司在既定程序下平稳运营。"贾亚说,这些工作帮助公司在新加坡有了品牌辨识度。在隧道股份工作的10多年里,让贾亚感触最深的是,在他多年的从业经历中,许多新加坡当地公司与员工家庭的互动较少,但

在隧道股份,如果员工家庭有任何问题,公司总是会提供支持和帮助。

隧道股份始终坚持以人为本的管理理念,从实现员工职业成长、建立员工人文关怀、增强员工凝聚力和归属感三方面入手,把建立人才队伍放在企业发展的首要位置。例如,对艰苦地区的员工,公司专门设立了有优势的晋升通道,还为他们提供艰苦津贴,并着力提高员工的生活保障,例如,配备高水平的厨师等。在疫情期间,境外许多企业由于疫情冲击纷纷减薪、裁员,但隧道股份顶住压力,不裁员、不减薪,最大限度地保障了员工的收入和福利,在新加坡建立了良好的声誉。此外,隧道股份还积极致力于为员工提供全面的健康管理保障,定期为员工体检并设立心理健康支持,确保员工在精神和身体上都能处于最佳状态。同时,隧道股份新加坡区域中心还组织了丰富多样的职业健康推广活动,旨在增强员工对自身健康的关注和管理能力。经过多方的共同努力,这支国际化的团队为隧道股份的境外市场拓展带来了国际视野。

5 总结

属地化管理是企业国际化经营管理的核心内容,也是决定企业能否高质量扎根海外的重要因素。在新加坡,通过扎实推进"学习—融入—内化—引领"的属地化管理过程,隧道股份在保质保量地完成各个项目建设的同时,更以高超的项目技术水平、卓越的项目管理能力、严格的安全管理把控,得到了新加坡当地市场的高度认可,获得了包括"最佳雇主"在内的新加坡国家级荣誉近200项,并且成为新加坡至今唯一获得3次陆交局安全最高奖项挑战盾奖的承包商。作为一家"百年老店",隧道股份的境外业务类型由"单一做项目"到"提供装备出口、展示中国标准",正在向建设成为"具有国际竞争力与品牌影响力的城市建设运营资源集成商"的目标不断突围。

启发思考题

(1)上海隧道股份国际化的动因是什么?

(2)上海隧道股份是如何通过属地化管理加速其国际化进程的?

(3)针对打造持续的竞争优势,上海隧道股份的未来国际化之路该如何走?

参考资料

［1］裘颖琼. 隧道股份积极参与新加坡大部分轨交线路的建设，并连续两年获评"新加坡最佳雇主"［EB/OL］.（2022 - 09 - 21）［2024 - 09 - 28］. https://www. shanghai. gov. cn/lwjgs/20220921/81c0ec134e1c40be89471b626ea2b68b. html.

［2］裘颖琼. 中国企业给员工"家"的温暖［EB/OL］.（2022 - 09 - 20）［2024 - 09 - 28］. https://www. shanghai. gov. cn/lwjgs/20220920/de091320040f4ff480cf5ed266cf9ad6. html.

附录 1 专家观点

北美七年淘金记①

0 引言

2024 年 3 月 5 日,在海通消费出海论坛上,来自王牌创新咨询公司的合伙人陆杨,结合公司服务企业出海北美进而打造品牌优势的经验,围绕品牌出海做了具有启发性的报告。陆杨在介绍美国市场体量情况的基础上,通过分析中国企业品牌出海的现实可行性,总结出品牌出海的方法论。

1 美国市场体量情况

随着全球化的不断深入和"一带一路"倡议的推进,中国企业的国际化步伐日益加快,出海已成为许多企业发展的必经之路。在众多海外市场中,美国市场以其庞大的体量和成熟的商业环境,成为中国企业品牌出海的重要目的地之一。

1.1 市场规模与消费潜力

美国作为全球最大的经济体之一,其市场规模和消费潜力不可小觑。根据

---

① 本文由上海交通大学安泰经济与管理学院张明超整理。感谢海通证券研究所提供内容。主要观点源于 2024 年 3 月 5 日王牌创新咨询公司合伙人陆杨在海通消费出海论坛上关于"品牌出海主题"的主要演讲内容。

联合国贸易和发展会议(UNCTAD)发布的《2023 世界投资报告》,美国连续多年成为吸引外商直接投资最多的国家,彰显了其强大的市场吸引力和投资环境。此外,美国人口众多,拥有接近 4 亿人口,这一庞大的消费群体为中国企业提供了广阔的市场空间。

1.2 经济实力与消费能力

美国作为世界上经济最发达的国家之一,其国民收入水平普遍较高,人均GDP 远超中国。根据 2023 年的数据,美国人均 GDP 为 8.16 万美元,而中国约为 1.25 万美元,这意味着美国的人均社会消费品购买能力大致是中国的 6倍左右。这种强大的消费能力使得美国市场对高品质、高附加值的产品和服务有着巨大的需求,为中国企业的产品升级和品牌建设提供了良好的市场基础。

1.3 行业分布与市场需求

美国市场的行业分布广泛,涵盖了从消费电子、智能制造到医疗健康、金融服务等多个领域。特别是在消费电子领域,美国市场竞争尤为激烈,但同时也是中国企业展示创新实力的重要舞台。以 CES(国际消费类电子产品展览会)为例,每年都吸引着大量中国企业的参与,展示了中国企业在智能制造、智能家居、新能源汽车等领域的最新成果。此外,在医疗健康、智能硬件、区块链等新兴领域,中国企业的表现也日益突出,这些领域的快速发展为中国企业品牌出海美国提供了更多机遇。

1.4 渠道布局与零售体系

美国市场的渠道布局和零售体系相对完善,既有沃尔玛、亚马逊等大型跨国零售巨头,也有众多专注于细分市场的中小零售商。这些渠道为中国企业品牌出海提供了多样化的市场进入方式。例如,中国企业既可以通过与大型零售商合作,快速打开市场并提升品牌知名度,又可以通过跨境电商平台,直接触达美国消费者,实现精准营销和个性化服务。

1.5 文化因素与华人市场

除了经济和市场因素外,文化因素也是中国企业出海美国不可忽视的重要方面。美国作为一个移民国家,其文化具有多元性和包容性。特别是亚裔人口在美国的快速增长,为中国食品、文化产品等提供了广阔的消费群体。据统计,2023年美国亚裔人口总数达到2400余万人,占总人口比重的7%,其中,华裔占比最高。这一庞大的华人群体对中国食品和文化产品有着高度的认同感和消费需求,为中国企业品牌出海美国提供了坚实的基础。

2 中国企业品牌出海美国的优劣势及应对策略

2.1 中国企业品牌出海美国的优势

2.1.1 中国企业在制造能力和成本控制上拥有显著优势

作为全球制造业大国,中国企业在规模化生产、技术创新和供应链管理方面积累了丰富的经验。这使得中国企业在保证产品质量的同时,能够有效控制成本,为美国市场提供具有竞争力的价格优势。在消费者日益注重性价比的当下,这一优势无疑增强了中国品牌的吸引力。

2.1.2 中国企业在产品创新和研发方面展现出强劲势头

近年来,中国企业在科技、互联网、消费电子等领域取得显著成就,不断推出具有创新性和前瞻性的产品。这些产品不仅满足了国内消费者的需求,也具备了进军美国市场的实力。在美国市场,中国企业的创新产品能够激发消费者的购买欲望,提升品牌形象和市场份额。

2.1.3 中国企业对美国市场的深入了解和适应性

随着全球化的深入发展,越来越多的中国企业开始关注并研究美国市场,了解当地消费者的需求、习惯和偏好。这种深入了解使得中国企业在产品定位、营销策略和售后服务等方面更加贴近美国市场,提高了市场响应速度和客户满意度。

2.1.4 中国政府在推动企业品牌出海方面也给予了大力支持

从政策扶持、资金支持到市场准入便利化等方面,中国政府为企业品牌出海提供了全方位的保障。这些政策措施不仅降低了中国企业出海美国市场的成本和风险,也为企业品牌在国际市场上赢得了更多的机会和资源。

2.1.5 中国企业的国际化战略和品牌建设意识日益增强

越来越多的中国企业意识到品牌国际化对于提升企业形象、拓展市场份额和增强竞争力的重要性。因此,这些企业纷纷加大品牌建设和市场推广力度,通过参加国际展会、赞助体育赛事、开展跨境电商等多种方式提升在美国市场的品牌知名度和影响力。

2.2　中国企业品牌出海美国的劣势

2.2.1　文化差异与合规风险

不同国家和地区的文化差异、法律法规和商业习惯给中国企业品牌出海带来了巨大的挑战。美国市场在法律合规、数据安全、知识产权保护等方面有着严格的要求。中国企业需要深入了解并适应这些要求，否则将面临巨大的合规风险。例如，隐私保护和平台责任对于美国公司或许是一把双刃剑，但对于外国公司则可能成为强有力的制约武器。

2.2.2　市场竞争与贸易保护主义

美国市场竞争激烈，本土品牌和国际品牌众多。中国企业在进入美国市场时，需要面对来自各方面的竞争压力。同时，随着全球贸易保护主义的抬头，中国企业还可能遭遇贸易壁垒和歧视性政策。例如，美国政府对华为等中国企业的打压和限制，就充分展示了贸易保护主义的危害。

2.2.3　品牌认知度与信任度

尽管中国企业在全球范围内取得了显著成就，但在美国市场上，许多中国品牌的认知度和信任度仍然较低。这主要是由历史原因、品牌形象和营销策略等多方面因素造成的。中国企业需要通过持续的品牌建设和市场推广，提高品牌在美国市场的知名度和美誉度。

2.2.4　汇率风险与成本控制

汇率波动是中国企业品牌出海过程中不可忽视的风险因素。汇率的变动不仅会影响企业的利润水平，还可能对企业的资金流动性和经营稳定性造成不利影响。此外，成本控制也是中国企业在美国市场上面临的重要挑战。美国市场的劳动力成本、原材料成本等普遍较高，中国企业需要通过优化供应链、提高生产效率等方式降低成本，提高产品竞争力。

2.2.5　地缘政治风险与安全审查

地缘政治风险和安全审查是中国企业品牌出海过程中需要特别关注的问题。随着国际关系的复杂化和地缘政治竞争的加剧，中国企业在美国市场上可能面临来自政治、经济和安全等多方面的压力。例如，美国政府可能以国家安全为由对中国生物类企业进行安全审查和封禁。这些风险不仅会影响企业的正常运营,还可能对企业的品牌形象和声誉造成损害。

2.2.6 本地化挑战与品牌建设

本地化是中国企业品牌出海过程中的重要环节。然而,本地化不仅涉及语言、文化等方面的适应性问题,还涉及产品研发、市场营销、售后服务等多个方面的挑战。中国企业需要深入了解美国市场的消费者需求和消费习惯,制定符合当地市场特点的营销策略和品牌建设方案。同时,中国企业还需要在品牌建设上持续发力,提高品牌的知名度和美誉度,以赢得美国消费者的信任和认可。

2.3 中国企业品牌出海美国的应对策略

2.3.1 深入了解美国市场与合规要求

中国企业在进入美国市场前,应深入了解当地市场的法律法规、商业习惯和消费者需求等方面的信息。同时,企业还应加强合规意识,建立健全的合规管理体系,确保在经营过程中遵守当地法律法规和监管要求。

2.3.2 加强品牌建设与市场推广

中国企业应通过持续的品牌建设和市场推广活动提高品牌在美国市场的知名度和美誉度。企业可以通过多种渠道和方式开展品牌推广活动,如广告投放、社交媒体营销、线上线下活动等。同时,企业还应注重品牌形象的塑造和维护,确保品牌形象与企业文化和产品特点相契合。

2.3.3 优化供应链与成本控制

中国企业应充分利用自身在制造业方面的优势,优化供应链布局和资源配置,降低生产成本和运营成本。企业可以通过与当地供应商建立长期合作关系、优化生产流程等方式提高生产效率和产品质量。同时,企业还应加强成本控制意识,合理控制各项成本开支,确保产品具有竞争力。

2.3.4 灵活应对市场变化与挑战

中国企业在面对美国市场的变化和挑战时,应保持灵活性和适应性。企业应根据市场变化及时调整经营策略和市场布局,确保能够迅速应对各种风险和挑战。同时,企业还应加强与当地政府、行业协会等机构的沟通和合作,争取更多的政策支持和市场机会。

2.3.5 强化风险管理与合规经营

中国企业在品牌出海过程中应强化风险管理和合规经营意识。企业应建立健全的风险管理体系和合规管理制度,加强对潜在风险的识别和评估工作。

同时,企业还应加强内部控制和风险管理培训,提高员工的风险意识和合规意识。

2.3.6 深化本地化经营与品牌建设

中国企业在美国市场上应深化本地化经营和品牌建设工作。企业可以通过设立分公司或子公司等方式加强本地化运营和管理能力,同时,还可以通过与当地企业建立合作伙伴关系或并购等方式快速进入当地市场并获取市场份额。此外,企业还应注重本地化产品的研发和推广工作,以满足当地消费者的需求和期望。

3 中国企业品牌出海的方法论

中国企业品牌出海的方法论可以概括为"趋势、布局、创新、配称"八字方针。

第一,面对中国企业品牌出海的战略方向,精准判断行业趋势和企业未来趋势显得尤为重要。这不仅关乎企业的生存与发展,更直接影响到中国品牌在全球市场的竞争力和影响力。其一,判断行业趋势是指导企业出海方向的灯塔。随着全球市场的不断变化,各行业的发展态势也千差万别。一些行业可能因技术进步而迎来爆发式增长,如人工智能、大数据、云计算等前沿技术驱动的领域;而另一些行业则可能因市场饱和或政策调整而陷入低迷。因此,中国企业品牌在出海前,必须深入研究目标行业的市场规模、竞争格局、增长潜力及未来发展趋势,从而选择最具潜力和前景的行业作为突破口。其二,明确企业未来趋势是确保出海成功的关键。企业对未来趋势的判断需要基于对自身核心竞争力的清晰认知,以及对外部环境变化的敏锐洞察。在出海过程中,中国企业应不断审视自身在技术创新、品牌建设、市场拓展等方面的优势与不足,并据此制定符合自身特点的发展战略。同时,企业还需要密切关注全球市场的政策变化、消费趋势、竞争格局等外部因素,及时调整战略方向,确保在复杂多变的国际环境中保持竞争力。判断行业趋势和企业未来趋势的重要性还体现在帮助企业规避风险、把握机遇上。在全球市场中,机遇与挑战并存。中国企业品牌出海时,可能会遇到贸易壁垒、文化差异、法律风险等挑战。通过精准判断行业趋势和企业未来趋势,企业可以提前预见并规避潜在风险,同时抓住市场机遇,实现快速发展。例如,在东南亚、非洲等新兴市场崛起的背景下,中国企业可以抓住这些地区的基础设施建设、消费升级等机遇，加快品牌布局和市场拓展。

第二，在中国企业品牌出海的宏伟蓝图中，布局的战略性地位不可小觑。首先，精准布局是企业成功出海的前提。全球市场广阔而复杂，不同地区的经济、文化、消费习惯等差异显著。因此，中国企业在出海前必须进行深入的市场调研，了解目标市场的特点和需求，进而制定符合当地市场实际的品牌发展战略。精准布局意味着企业要根据市场潜力、竞争态势、自身实力等因素，选择合适的市场进入时机和方式，确保品牌能够顺利落地并快速融入当地市场。其次，全面布局有助于企业构建多元化的市场体系。在全球化的今天，单一市场的风险日益加大。因此，中国企业在出海过程中应注重构建多元化的市场体系，通过在不同地区和国家布局，实现市场的多元化和风险的分散。这不仅有助于企业提高品牌知名度和市场占有率，还能在一定程度上抵御单一市场波动带来的风险。再次，深度布局是提升品牌国际竞争力的关键。深度布局不仅仅是在目标市场设立分支机构或销售渠道，更重要的是要深入了解当地文化、法规、消费者心理等，与当地社会和经济环境深度融合。通过深度布局，企业可以更加精准地把握市场需求的变化，提供更加贴近消费者需求的产品和服务，从而增强品牌的国际竞争力和市场适应性。最后，持续布局是企业实现全球化战略目标的重要保障。全球化是一个长期而复杂的过程，需要企业具备长远的战略眼光和持续的布局能力。中国企业在出海过程中应始终保持对全球市场的敏锐洞察和高度关注，根据市场变化和企业自身发展需要，不断调整和优化布局策略。通过持续布局，企业可以逐步扩大市场覆盖范围，提升品牌影响力，最终实现全球化战略目标的成功落地。

第三，在中国企业品牌出海的壮阔征途中，创新无疑是其破浪前行的核心驱动力。首先，创新是打破市场壁垒、开拓新蓝海的关键。不同国家和地区的市场环境、消费习惯、文化背景各异，这为中国企业品牌出海带来了诸多挑战。传统的产品和服务模式可能难以直接适应国外市场，而创新则为企业提供了突破壁垒、满足多元化需求的途径。通过技术创新，企业可以开发出更适合当地市场需求的产品；通过模式创新，企业可以探索出更加高效、灵活的市场进入和运营方式。这些创新举措不仅有助于企业快速打开市场，还能为企业赢得宝贵的先发优势。其次，创新是提升品牌竞争力、塑造国际形象的重要手段。在全球市场中，品牌是企业最宝贵的无形资产之一。一个具有创新能力的品牌，往往能够吸引更多消费者的关注和喜爱,从而在市场上占据有利地位。中国企业品牌出海时,应注重在品牌理念、品牌形象、品牌传播等方面进行创新,以独特的品牌魅力和价值主张赢得国际市场的认可。同时,通过持续的创新投入和研发活动,企业可以不断提升产品品质和技术含量,增强品牌的竞争力和市场影响力。最后,创新是推动企业可持续发展、实现长远目标的根本保障。在全球经济一体化和快速变化的今天,企业要想实现长远发展,就必须具备持续创新的能力。中国企业品牌出海不仅是为了短期的市场扩张和利润增长,更是为了在全球范围内建立稳定的业务基础和品牌影响力。而这一切都离不开创新的支撑和推动。通过不断创新,企业可以不断适应市场变化,优化资源配置,提升运营效率,从而保持企业的竞争力和活力。

第四,在中国企业品牌出海的征途中,配称体系的重要性尤为凸显。它是企业成功跨越国界、融入全球市场的关键支撑。配称体系涵盖了市场调研、产品开发、营销推广、售后服务及法律合规等多个方面,为企业的每一步国际化战略提供了坚实的后盾。它确保企业能够精准定位市场,开发出符合当地消费者需求的产品,并通过多渠道营销手段提升品牌影响力。同时,完善的配称体系还能帮助企业有效管理供应链,确保产品质量与供应的稳定性,从而在竞争激烈的国际市场中保持竞争优势。此外,售后服务与客户关系管理的配称,能够增强客户黏性,提升品牌忠诚度,为企业赢得良好的口碑。更重要的是,面对复杂的国际市场环境,配称体系中的法律合规与风险管理机制,能够为企业提供法律指导和风险预警,确保企业在合法合规的前提下稳健前行,有效规避潜在的市场风险和法律陷阱。

品牌出海，抓住全球市场发展红利①

0 引言

在"一带一路"倡议与双循环新发展格局等国家战略的支持下，我国中小企业正迈向国际化，积极拓展海外业务布局。2023 年数据显示，超过八成的企业对海外业务前景充满信心，对海外市场潜力与机遇持有积极展望。超过半数的中小企业已将海外业务视为驱动企业增长的关键战略，并规划在未来积极扩大海外市场，以攫取更广泛的市场份额与契机。然而，中小企业在出海征途中亦面临诸多挑战，包括对目标市场了解不足、语言沟通障碍及文化差异等难题。为有效激励并引导中小企业勇敢参与国际竞争，深度融入全球价值链，嘉御资本协助多家知名企业成功实现了跨境出海目标，为全国中小企业提供全方位支持，助力其在海外市场的精耕细作与繁荣发展。以下是 2024 年 3 月 5 日嘉御资本卫哲在海通消费出海论坛上关于中国企业跨境出海战略布局的主要观点内容。

1 中国企业跨境出海三要素

1.1 依托中国强大的供应链体系，构建出海业务的稳固基石

中国作为全球制造业的重要中心，拥有完整且高效的供应链体系。这一优势为中小企业出海提供了强有力的支持。从原材料采购、生产加工到物流配送，中国供应链的高效运作能够确保出海企业产品的高质量与快速交付。同时，中国供应链的多样性和灵活性也能够帮助企业应对不同市场的需求与变化，为企业出海业务的稳定发展奠定坚实的基础。

---

① 本文由上海交通大学安泰经济与管理学院案例研究与开发中心牛牧晓整理。感谢海通证券研究所提供内容。主要观点源于 2024 年 3 月 5 日嘉御资本卫哲在海通消费出海论坛上关于"中国企业跨境出海战略布局"的主要演讲内容。

1.2　出海团队集结海外精英，以国际化视野引领企业拓展

中小企业在出海过程中，团队力量尤为关键。一个由具备丰富海外学习及工作经验的专业人才组成的团队，能够为企业带来宝贵的国际化视野与跨文化交流能力。这些海外精英不仅熟悉目标市场的文化、法律和商业环境，还能够精准把握市场需求及趋势，为企业制定符合当地市场特点的营销策略及产品定位。海外精英团队将大大提升企业的海外竞争力，引领企业更好地融入当地市场并实现可持续发展目标。

1.3　运用互联网技术与平台，高效推进海外市场战略布局

在数字化时代，互联网技术与平台已成为企业拓展海外市场的重要工具。中小企业可通过建立官方网站、社交媒体账号等线上渠道，提升品牌知名度与曝光率；同时，利用跨境电商平台、在线支付系统等工具，实现产品在全球范围内的快速流通与交易。此外，企业还可以运用大数据分析、人工智能等先进技术，精准分析市场需求和消费者行为，为企业制定更加精准和有效的市场战略支持。通过充分利用互联网技术与平台，中小企业将能够更高效地推进海外市场战略布局，实现业务的快速增长。

2　中国企业跨境出海机会选择

中国企业跨境出海机会选择应聚焦于品类选择、区域选择与渠道选择。

2.1　品类选择

中国企业跨境出海品类分为：中外通用型与非中外通用型。

2.1.1　中外通用型

中外通用型品类指的是那些在国内外市场均有广泛需求和应用的产品。这类产品在国内市场已经有了成熟的供应链及消费者基础，同时也能够满足海外市场的基本需求。其特点在于产品的功能、设计和使用场景在国内外差异不大，能够轻松跨越国界，实现全球化销售。典型示例如下：

（1）电子产品：如充电头、数据线、耳机等3C配件。以安克为例，其充电产品在全球范围内广受欢迎，其设计和功能在全球市场具有通用性。

（2）家居用品：如沙发、鞋柜等产品。这些产品在国内有成熟的市场，同时，海外消费者也有类似的需求。

（3）服装鞋帽：一些基本款式的服装和鞋帽，其设计和尺码往往能够覆盖全球消费者。

针对中外通用型品类，企业可以通过跨境电商平台（如速卖通、亚马逊等）快速进入海外市场，利用已有的供应链优势和品牌影响力，实现全球化布局。同时，企业也需要关注不同市场的文化和消费习惯，对产品进行适当的本地化调整，以满足当地消费者的需求。

2.1.2 非中外通用型（海外本土型）

非中外通用型或海外本土型品类则指那些在国内市场相对较小或不存在，但在海外市场有巨大潜力的产品。这类产品往往具有强烈的地域特色或文化属性，能够满足特定地区或国家消费者的独特需求。典型示例如下：

（1）小家电：例如便携式制冰机、移动冰箱等。这些产品在国内市场较为小众，但在北美等市场有很大的市场需求。北美消费者普遍热衷于冷饮品，对冰块的需求量极大，而传统冰箱、冷冻柜的制冰速度往往无法满足即时需求，因此，便携式制冰机成了他们的理想选择。同时，北美消费者对于户外活动的热爱，以及对于食品保鲜的高要求，使得移动冰箱成为他们户外生活的必备品。无论是家庭野餐、露营还是户外探险，移动冰箱都能为消费者提供便捷的冷藏保鲜解决方案。

（2）运动装备：针对特定运动项目的装备，如滑雪板、冲浪板等。这些产品在国内只有小众市场，但在相关运动盛行的国家却具有较大的市场潜力。在欧洲、北美以及日本等国家和地区，滑雪运动有着深厚的历史底蕴和广泛的群众基础。这些地区拥有众多优质的滑雪场地和完善的滑雪设施，吸引了大量滑雪爱好者。因此，滑雪板等装备在这些国家和地区的市场需求巨大，且呈现出多样化的趋势，从专业级到入门级，从竞技型到休闲型，应有尽有。

（3）特色食品：例如当地特色调味品、零食等。这类产品具有强烈的地域文化属性，能够满足海外华人或当地消费者的特殊需求。对于远离家乡的海外华人来说，特色食品是他们缓解思乡之情的重要途径。例如，潮汕地区的牡蛎、蛤仔、南澳紫菜、鱼丸、牛肉丸等特色产品，总能唤起海外华人的思乡之情，成为海外华人节日餐桌上的必备佳肴。

针对海外本土型品类，企业需深入了解目标市场的文化、消费习惯和需求特点,进行精准的市场定位与产品设计。同时,企业还须加强本地化运营和品牌建设,提升产品在当地市场的知名度及美誉度。此外,企业还可以通过与当地合作伙伴建立战略联盟或并购当地品牌等方式,快速进入市场并降低风险。

在品类选择上,四宫格策略即产品开发周期与产品生命周期的组合分析,是非常关键且具实用性的。四宫格策略分为:短开发周期长生命周期、长开发周期短生命周期、短开发周期短生命周期、长开发周期长生命周期。

(1)短开发周期长生命周期的优势是能快速响应市场变化,同时,市场需求稳定,且能够带来长期收益。例如,安克创新的充电宝就是此策略的成功案例。

(2)长开发周期短生命周期的挑战是研发周期长且投入大,但市场更新换代快,容易导致投资回报率低。公司应谨慎进入此类市场,或采取灵活策略降低风险,如快速试错、小批量多批次生产等。

(3)短开发周期短生命周期的特点是这类产品研发周期短但生命周期也短,需要企业具备快速响应市场变化和快速周转库存的能力。例如 SHEIN,其成功在于其高效的供应链管理和快速的市场反应能力。

(4)长开发周期长生命周期的优势是虽然研发周期长,但一旦产品进入市场,由于生命周期长,能够带来稳定的长期收益。例如,汽配类产品是一个典型例子,每款车型的适配都需要长时间研发,但一旦适配成功,产品将在市场上存在多年,甚至车辆报废后仍有维修需求。

在选择出海品类时,企业应综合考虑产品开发周期和产品生命周期的组合,优先选择既能快速响应市场变化又能带来长期收益的产品。同时,要加强库存管理,确保供应链的顺畅和库存的合理性,以降低出海过程中的库存风险。通过科学合理的品类选择和精细化的库存管理,企业可以在出海市场中取得更大的成功。

2.2　区域选择

欧美市场,作为全球经济与文化的制高点,汇聚了全球最挑剔的消费者群体,也孕育了众多国际知名品牌的诞生。在欧美市场,品牌能够直面最前沿的消费趋势,接受最严格的市场检验,从而为其全球影响力的构建奠定坚实的基础。因此,对于希望建立全球影响力的消费品牌而言,将欧美市场作为起点或重点突破区域,无疑是一个具有前瞻性的战略选择。这不仅有助于品牌在国际舞台上树立高端、专业的形象,还能通过与全球顶级品牌的同台竞技,不断提升自身的品质与竞争力。

当然,这并不意味着东南亚市场等新兴市场应被忽视。相反,这些市场在未来品牌扩展版图中将扮演重要角色。然而,品牌在进入这些市场之前,应先在欧美等高端市场建立稳固的基础,积累足够的品牌势能。这样,当品牌回归东南亚等新兴市场时,将能以更加自信和强大的姿态,迅速赢得消费者的青睐与认可。

因此,一个明智的区域选择策略应是:先以欧美市场为起点,树立品牌高端形象,积累品牌势能;随后,再逐步向东南亚等新兴市场扩展,实现品牌的全球化布局。这样的策略不仅有助于品牌在国际舞台上脱颖而出,更能为其长期发展奠定坚实的基础。

2.3　渠道选择

渠道选择的关键在于深入理解所经营品类的市场特性,即判断其属于亚马逊友好型还是非亚马逊友好型。以 TikTok 为例,该平台强调视觉展示,鼓励商家通过丰富的图片和视频来吸引用户,而亚马逊在这方面则相对受限,不支持过多的图片和视频展示,这促使了如 SHEIN 等以服装为代表的、注重视觉营销的平台崛起。

此外,亚马逊在产品销售策略上的另一大特点是其单品导向的思维模式,即平台更倾向于将每个商品视为独立的销售单元,而非考虑产品之间的组合销售。然而,在实际消费场景中,许多商品天然存在搭配需求,如购买桌子时往往需要配套椅子。在亚马逊上,用户购买某品牌的椅子后,系统可能推荐的是其他品牌的椅子,缺乏产品间的组合推荐功能。这种单品导向的策略忽略了商品间的互补性及消费者对于组合购买的潜在需求,对于某些品类而言可能不是最优的销售渠道。

因此,在选择销售渠道时,商家需要综合考虑自身产品的特性、市场需求,以及不同平台的运营策略,以做出更加精准和有效的决策。对于注重视觉展示和组合销售的品类而言,可能需要寻找除亚马逊之外的其他平台或渠道,以更好地满足消费者的需求并提升销售业绩。

3 中国企业跨境出海策略

3.1 守住渠道拓区域 vs 守住区域拓渠道

3.1.1 守住渠道拓区域

对于产品线在欧美市场具有广泛通用性的中国企业而言,采取"守住渠道拓区域"的策略尤为关键。这意味着企业应在已建立稳固销售基础的渠道(如亚马逊等主流电商平台)上精耕细作,不断提升品牌知名度和市场份额。在此基础上,利用已积累的运营经验、市场洞察能力和供应链优势,逐步将业务拓展至其他具有潜力的国际市场。通过复制成功的商业模式和市场策略,企业能够更高效地打开新市场,实现跨区域的快速增长。

3.1.2 守住区域拓渠道

当产品线在不同区域市场存在显著差异时,中国企业应采取"守住区域拓渠道"的策略。这意味着企业须首先在某一特定区域内(如北美或欧洲)建立稳固的市场地位,深入了解当地消费者的需求和偏好,确保产品充分满足市场需求。同时,积极探索并拓展多元化的销售渠道,如与当地零售商合作,开设品牌专卖店,利用社交媒体和短视频平台(如 TikTok)进行营销推广等。通过多渠道布局,企业可以进一步巩固市场地位,提升品牌影响力,并有效分散经营风险。

3.2 守住品类拓品牌 vs 守住品牌拓品类

3.2.1 品类天花板高的策略:守住品类拓品牌

在品类市场容量巨大的情况下,中国企业应坚持"守住品类拓品牌"的策略。这意味着企业应致力于现有的品类中,不断提升产品品质及服务水平,以满足不同消费群体的多样化需求。同时,通过推出不同定位的品牌或产品线,覆盖更广泛的价格区间和消费层次,实现品牌价值的全面提升。

3.2.2 品类天花板低的策略:守住品牌拓品类

当品类市场容量有限时,中国企业应采取"守住品牌拓品类"的策略。这意味着企业应在保持品牌一致性和核心竞争力的同时,积极探索新的产品领域和增长点。通过跨品类拓展,企业不仅可以扩大品牌影响力,还能有效降低对单一品类的依赖风险。在拓展新品类时,企业应注重市场调研和消费者需求分析,确保新产品能够精准对接市场需求,实现快速切入和持续增长。例如,安克从充电宝扩展到耳机市场,就是成功运用这一策略的典型案例。

3.3 单一区域到多地区 vs 单一渠道到多渠道

在区域和渠道的拓展上,中国企业应遵循"稳扎稳打,逐步推进"的原则。首先,在单一区域内取得成功后,企业应谨慎评估自身实力和市场环境,逐步向其他地区扩张。在扩张过程中,企业应注重本地化运营和品牌建设,确保产品和服务能够充分满足当地消费者的需求及偏好。同时,在渠道拓展方面,企业也应在确保主渠道稳固的基础上,积极探索并拓展其他销售渠道和平台。通过多渠道布局和线上线下融合的方式,企业可进一步提升市场覆盖率和品牌影响力。

3.4 "贸、工、技"铁三角的平衡发展

首先是"贸",即跨境电商业务首先要在贸易环节做强。在贸易领域,值得注意的是,欧洲不应被视为多个国家的简单集合。在欧洲市场成功的秘诀在于深度渗透德国市场。德国拥有近 1 亿人口,且没有像墨西哥或美国那样的大规模移民问题,语言统一,物流便捷。德国的 1 亿人口在消费能力上相当于美国的 1.5 亿人。因此,嘉御资本常言,若在德国的市场份额未能达到美国市场的一半,则不值得急于拓展欧洲其他国家,深耕德国市场即可。这方面的成功典范是致欧,其"欧"即指欧洲,且至今在欧洲的营收仍大于北美,这在行业中较为罕见。致欧的成功并非通过广泛覆盖欧洲市场,而是深入精耕德国市场,这为区域拓展提供了额外的战略维度。

其次是"技",即技术与研发。嘉御资本强调,研发投入至关重要。好产品会自带流量,但许多跨境电商企业的创始人却常常陷入营销费用不断增加的循环中,而忽视了研发的重要性。嘉御资本更倾向于投资那些在研发上敢于投入营业额的 5%、6% 甚至更高比例的企业,因为他们相信好产品能够自然吸引消费者。

最后是"工",即工业与供应链。嘉御资本开始关注带工厂的企业,是因为随着市场变化,那些原本只做 ODM、OEM 的企业也开始自建跨境电商渠道,对传统的贸易型跨境电商构成了挑战。为了保持竞争力,企业现在必须同时拥

有贸易利润和工业利润。同时,嘉御资本也建议企业将自己定位为全球公民和全球企业,充分利用中国供应链的优势,但也要考虑到地缘政治和税收等因素,在海外建立一定的供应链备份。一般建议企业将 20%~30% 的产能放在中国以外,以应对可能的"黑天鹅"事件。

综上所述,跨境电商已经不仅仅是一个电商或纯贸易的竞争领域,它要求企业在贸易、技术和工业三个方面都保持强大的竞争力,形成"贸、工、技"铁三角的平衡发展态势。

中国企业在美国：挑战和应对①

0　引言

　　2024 年政府工作报告指出："扩大高水平对外开放，促进互利共赢。主动对接高标准国际经贸规则，稳步扩大制度型开放，增强国内国际两个市场两种资源联动效应，巩固外贸外资基本盘，培育国际经济合作和竞争新优势。"这对中国企业出海提出了新要求与目标。美国罗格斯大学的刘明巍教授，结合中国企业在美经营的调查数据，指出当下中国企业在美经营发展同时面临机遇与挑战，并提出了应对方案。以下是他在 2024 年 6 月 24 日"中国企业出海：从制造到零售"论坛的主要演讲内容。

1　中国企业在美国的时下形势

　　根据中国资金流入美国的汇总额来看，在 2016—2017 年，中国投资美国的资金总额达到峰值（见图 1），主要投资去向包括房地产与金融业。然而随着 2018 年中美贸易摩擦开始，中国投资美国的资金总额逐渐降低，现在已经低于 2010 年。然而美国吸引外资的力度却在 2022—2023 年达到新高。由于美国市场仍然是世界上最大的消费品市场，在很多行业非常有市场潜力，而且很多产品虽然需求很大，但市场竞争水平并不高，这无疑给中国企业出海提供了很好的机会。调查显示，在消费电子、时尚和美妆行业，市场竞争水平低但需求量很大，这些行业中的中国企业，无论是制造还是零售方面都具有很强的竞争力，也是近几年出海的热门投资类型（见图 2）。

---

① 本文由上海交通大学安泰经济与管理学院张明超整理。主要观点内容源自 2024 年 6 月 24 日美国罗格斯大学刘明巍教授在"中国企业出海：从制造到零售"论坛的主要演讲内容。

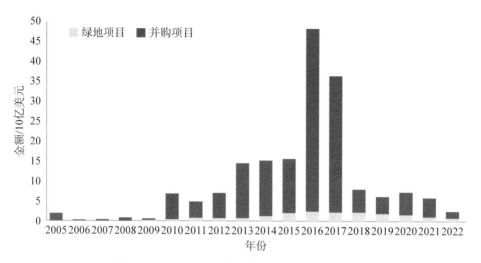

图 1　2000—2022 年中国在美直接投资交易价值

注:图表中的数据代表中国企业(不含港澳台地区)在美直接投资的交易总值,其中包括绿地项目与重大所有权控制转移的收购项目(>10%的股权)。图中 2021 年与 2022 年的数据是估值。

数据来源:Rhodium Group. Vanishing act: the shrinking footprint of Chinese companies in the US [EB/OL]. (2023 - 09 - 07) [2024 - 08 - 27]. https://rhg. com/wp-content/uploads/2023/09/Vanishing-Act-The-Shrinking-Footprint-of-Chinese-Companies-in-the-US. pdf.

气泡大小指美国消费者点击量
逐年增长率指2023年上半年相比2022年同期的增长率

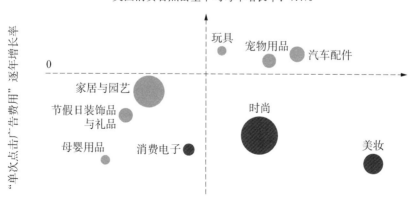

图 2　美国市场各大关键行业需求端增长潜力和行业竞争水平分析

数据来源:Google and Ipsos. 2023 国内品牌出海发展报告[EB/OL]. (2023 - 10)[2024 - 08 - 27]. https://www. 163. com/dy/article/IH6HP7VO0511B3FV. html.

2 中国企业出海美国的优势

2.1 制造业门类齐全,质量提升,高度性价比

中国是世界上唯一拥有联合国产业分类中全部工业门类的国家,制造业规模连续 13 年居世界首位,增加值占全球比重近 30%,220 多种工业产品产量居世界首位。中国制造逐渐摆脱了质量低的刻板印象,产品质量与很多国家相比不差甚至更好,性价比非常高。

2.2 低价、可靠、及时、高效的供应链

完整的供应链使得中国制造业具备从原材料采购到生产制造、销售和售后服务的完整链条,能够可靠、及时地进行供需精准匹配。由先进的数字基础设施赋能的数字供应链使得物流、配送等环节协同高效,配合强大的技术创新能力,共同为满足海外消费者对高品质产品的需求提供了保障。

2.3 发达的电商平台和物流体系

随着跨境电商的快速发展,中国电商企业在全球市场上的影响力日益增强。SHEIN、Temu 等中国电商平台在美国市场取得了显著成功,为中国企业出海提供了宝贵经验。这些电商平台利用社交媒体流量、供应链优势和低价策略等手段,快速占领美国市场。中国电商企业的出海经验不仅为中国传统企业提供了可借鉴的模式和路径,还为中国品牌在美国市场的快速崛起提供了有力支持。伴随着中国电商平台跨境业务进入"快车道",物流企业也迈开了加速出海的步伐。北美、欧洲、东南亚、中东、中南美洲……随着一个又一个市场的打开,中资物流企业带动当地不断创新,在为外贸增长提供新动能的同时,也将物流服务信息化和高效物流带给了目标市场。

3 中国企业出海美国的目标

中国企业在美国开展业务的目标如图 3 所示,可大致分为经济目标和政治目标两类。

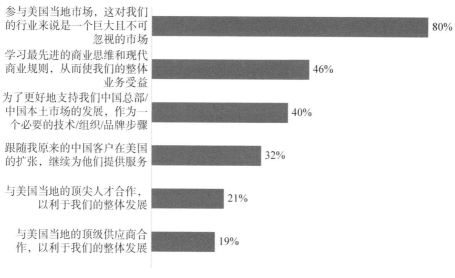

图 3　中国企业在美国开展业务的原始目标

数据来源：美国中国总商会基金会.在美中资企业年度商业调查报告［EB/OL］.（2023 -
05）［2024 - 08 - 27］. https://www. cgccusa. org/wp-content/uploads/2023/02/2023-
CGCC-Survey-Report-Chinese. pdf.

3.1　经济目标

3.1.1　拓展型

拓展型即企业利用现有优势进入国外市场竞争。利用现有优势去拓展海
外市场，要求在本土市场已经积累了成熟的能力体系，包括品牌能力、制造能
力、运营能力等。中国企业在国内市场竞争日益激烈的环境下，出海美国市场
成为寻求新的增长点的重要途径。美国作为全球最大的经济体之一，消费市场
庞大且多元化，为中国企业提供了广阔的市场空间。通过进入美国市场，中国
企业可以扩大销售规模，增加收入来源，实现利润增长。此外，通过拓展海外市
场，特别是像美国这样成熟稳定的市场，可以降低对中国市场的依赖，提高企业
经营的稳定性和抗风险能力。

3.1.2　探索型

探索型即企业进入国外市场寻求获取资源、技术或管理能力。中国企业并
不一定以占领海外市场为主要目的，很大程度上是因为在资源能力方面缺乏优
势，到海外可以直接向全球行业领先者学习先进经验，获取资源、技术和管理能
力等。美国市场是全球竞争最为激烈的市场之一，汇聚了众多国际知名品牌。

中国企业进入美国市场,通过与国际品牌交流和合作,可以学习先进的经营理念和管理经验,推动自身不断进步和发展。此外,美国作为全球科技创新的引领者,拥有众多高科技企业和研究机构。中国企业进入美国市场,可以通过与当地企业和研究机构合作与交流,引进先进技术和管理经验,推动中国企业技术创新和产业升级。

3.2 政治目标

3.2.1 工具型

工具型即企业参与服务于国际贸易体系建设。中国企业出海美国市场,首先是对中美经贸关系的一种深化和拓展。中美两国作为全球最大的发展中国家和发达国家,经贸关系紧密,互补性强。中国企业通过在美国市场投资、建厂、销售等方式,不仅促进了美国经济增长和就业,也为中国企业带来了先进的技术、管理经验和市场机会。这种双向互动有助于加强中美经贸关系的稳定性和可持续性,为两国人民带来更多福祉。另外,中国企业出海美国市场,也是推动中国经济转型升级的重要途径之一。随着中国经济进入新常态阶段,传统发展模式已经难以为继,需要加快经济转型升级的步伐。中国企业通过在美国市场开展高端定制、绿色制造、智能制造等业务模式创新实践,可以推动自身向价值链高端攀升,提升产业附加值和市场竞争力。

3.2.2 义务型

义务型即企业参与服务于母国发展战略与软实力提升。中国企业在美国市场成功发展,不仅提升了中国企业的国际形象,也增强了中国的国家软实力和国际影响力。软实力是一个国家综合实力的重要组成部分,包括文化、价值观、外交政策等方面的影响力。中国企业在美国市场的成功实践,展示了中国企业的创新精神和开放态度,传递了中国政府支持企业走出去的政策导向,有助于增强国际社会对中国的好感和认同。这种正面形象的提升有助于为中国在国际事务中发挥更大作用提供有力支撑。另外,中国企业出海美国市场,也是服务国家"一带一路"倡议的重要举措之一。"一带一路"倡议是中国政府提出的重大国际合作倡议,旨在促进共建国家的互联互通和经济合作。中国企业在美国市场的成功实践,可以为"一带一路"合作伙伴提供可借鉴的经验和模式,推动共建国家的经济发展和繁荣。同时,通过与美国企业的合作与交流,中国企业可以拓展"一带一路"沿线市场的渠道和资源,为"一带一路"

倡议的深入实施提供有力支撑。

4　中国企业出海美国的挑战与应对策略

4.1　挑战

中国企业在美国开展业务的挑战如图 4 所示。

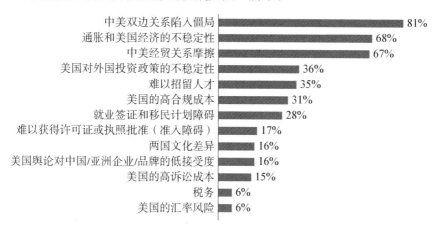

中美双边关系陷入僵局　81%
通胀和美国经济的不稳定性　68%
中美经贸关系摩擦　67%
美国对外国投资政策的不稳定性　36%
难以招留人才　35%
美国的高合规成本　31%
就业签证和移民计划障碍　28%
难以获得许可证或执照批准（准入障碍）　17%
两国文化差异　16%
美国舆论对中国/亚洲企业/品牌的低接受度　16%
美国的高诉讼成本　15%
税务　6%
美国的汇率风险　6%

图 4　中国企业在美开展业务的近期挑战

数据来源：美国中国总商会，美国中国总商会基金会. 在美中资企业年度商业调查报告[EB/OL]. (2023 - 05 - 02)[2024 - 08 - 27]. https://www. cgccusa. org/wp-content/uploads/2023/02/2023-CGCC-Survey-Report-Chinese. pdf.

4.1.1　制度距离

中美两国拥有各自独特的政治体制和法律框架，这些差异可能导致中国企业在海外运营时面临合规难题。由于中美两国政府对外资企业的监管力度和方式各不相同，尤其是美国政府可能会对外资企业的持股比例、经营范围、投资领域等设定限制，或者实施更为严格的审查程序，这些监管措施可能会增加中国企业在海外的运营成本和不确定性。此外，中美地缘政治冲突、国家间关系变化以及美国内部政治动荡等因素可能影响政策的稳定性和连续性。美国可能通过设置高门槛的市场准入条件来限制外资企业的进入，这些条件可能包括技术标准、环保要求、劳工权益保护等方面。例如，如果出海美国的中国企业未能提供足够的隐私保护，或者未能及时报告数据泄露事件，便会违反数据隐私和安全法规，遭遇法律追究和声誉影响。此外，由于美国拥有严格的知识产权保护制度,涉及专利、商标、版权等,如果中国企业未经许可使用、复制或侵犯美国企业的知识产权,便会违反知识产权法律,面临巨额罚款或赔偿金。

4.1.2 文化距离

文化距离不仅体现在语言、风俗习惯、价值观念等显性层面,还深入思维方式、商业习惯等隐性层面。首先,语言差异是最直接的文化距离。中美两国有着各自的官方语言和方言,这要求中国企业在出海时必须克服语言障碍,产品信息、品牌理念等需要结合美国语言情境与意义准确传达。其次,风俗习惯和价值观念也是重要的文化距离。在不同的文化背景下,中美两国消费者对于颜色、符号、礼仪等有着不同的认知和偏好。中国企业在产品设计、营销策略等方面需要充分考虑这些差异,以避免文化冲突和误解。此外,思维方式和商业习惯的不同也会带来挑战。例如,中国注重长期合作和信任建立,美国更看重合同和法律条款。中国企业在出海时需要适应这些不同的商业环境,调整自身的经营策略。在美国建厂的福耀玻璃,其间遇到的管理挑战被拍成纪录片而广为人知。福耀的美国工厂遇到了严重的文化冲突问题,中美管理层、员工间的价值观、工作习惯、沟通方式、安全意识等都"不兼容"。简言之,美国工人更重视个人主义、员工权利和安全保障,中国管理层和工人更重视集体主义、责任义务和工作效率,这引发了工作中的不信任、不理解和不合作。此外,福耀在美国真切地体会到了工会组织的影响力,后者加大了企业管理的复杂性。

4.1.3 管理距离

中国企业习惯于集中决策模式,这在国内市场能够快速响应政策变化和市场动态。然而,在美国市场,面对更加复杂多变的环境和快速迭代的消费者需求,企业需要更加灵活和高效的决策机制。传统的层级式管理结构可能导致信息传递不畅、决策效率低下等问题,影响中国企业在美国市场的竞争力。如何平衡集权与分权,确保决策既快速又准确,是中国企业面临的一大挑战。此外,美国市场高度成熟且竞争激烈,中国企业在进入时需要具备强大的本地化运营能力。这包括深入了解当地市场需求、竞争态势和消费者行为特点,制定符合当地市场规律的营销策略和渠道布局;同时,中国企业还需要建立稳定的供应链体系,确保产品质量和交货期的稳定性。本地化运营能力的提升不仅有助于中国企业快速融入当地市场,还能提升品牌影响力和市场份额。

4.1.4　品牌距离

市场竞争的激烈性是中国企业出海美国市场时面临的首要品牌压力。美国市场作为全球最大的经济体之一,吸引了众多国际品牌竞相角逐。这些品牌不仅拥有强大的品牌影响力和市场份额,还具备深厚的市场运作经验和资源积累。相比之下,中国企业在品牌知名度、市场认知度等方面往往处于劣势,难以在短时间内与这些国际巨头抗衡。因此,中国企业在进入美国市场时,需要付出更多的努力和资源来提升品牌竞争力。

4.2　应对策略

4.2.1　合规化

中国企业需了解并遵守美国的法律法规,寻求当地律师或律所支持以减少合规风险。优秀的企业通常能够适应海外市场的各种规则,普通企业则可能处处碰壁。两者的差别在于自身使用的是什么规则体系。任正非曾经形象地将此形容为"你嫌 IBM 的鞋夹脚,就把你的脚割了"。优秀的企业升级规则后,能够和一些规则严苛的市场兼容,相关的成本和风险自然就会降低。之所以强调"升级规则",是因为规则的向下兼容相对容易,但升级规则必须端正认识、下苦功夫,才有可能在发达市场取得国际化成功。

4.2.2　本地化

中国企业需要理解美国市场的语言和文化,通过构建本地化团队,确保广告、宣传和产品文案的翻译准确无误;中国企业需要充分尊重美国当地文化,避免冒犯性的文化冲突;通过考虑美国当地的法规、技术标准和习惯,适应美国当地市场的需求,主动创新产品和服务内容与形式;通过与美国当地分销商、零售商或电子商务平台合作,有利于帮助中国企业更好地了解美国市场并建立信任关系。

4.2.3　品牌化

领先技术是中国企业竞争的关键。中国企业在出海美国的同时,尤其需要加大研发投入,推动技术创新,甚至在海外设立研发中心,紧跟美国的市场趋势和技术发展,努力创造富含技术价值的高端品牌;通过高水平的品牌营销和本土化策略,提升品牌在美国市场的知名度和美誉度;通过分析美国当地文化特色,制定有针对性的广告宣传,让品牌深入人心。

4.2.4　合作与并购

中国企业通过并购进入美国市场,能够利用被并购企业的现有销售渠道和客户基础,迅速扩大市场份额,避免新建企业所需的长周期和市场不确定性。中国企业不仅可以获得被并购企业的资产,还能获得适用于美国本土经营情境的宝贵经验。经验曲线效应对降低成本和提高效率有重要作用,尤其是在新的经营领域。此外,并购可以帮助中国企业获取先进技术、专利权、商标权等无形资产,以及稳定的原材料供应体系和管理制度,从而提升企业的技术水平和市场竞争力。

4.2.5　展现社会责任

中国企业需要参与美国当地公益事业,改善当地的基础设施、教育和医疗条件,保护员工权益,培养与使用当地人才;在日常经营发展中注重资源节约和环境保护,降低项目对美国当地环境的污染;通过加强与社区及当地利益相关者的沟通与合作,共同推动美国当地社会经济发展。

未来,中国企业在美国投资需要更加谨慎,可重点关注高科技、绿色能源、消费电子、时尚、美妆等行业领域。此外,需加强风险管理,注重法律合规和文化融合,积极寻求本地合作伙伴,提升品牌影响力,展现社会责任以减少外来者的劣势。中国企业可将整个北美市场作为一个整体考虑,利用当前的市场低迷窗口期加强和巩固企业内部能力,推进产品与服务创新,精准创造与把握好每一次出海机遇。

附录 2 出海研报

越南消费行业现状与展望①

1 经济：向第二、第三产业转移，需求端由消费主导

越南经济总量稳定增长，增速基本高于发展中经济体水平。越南近代史较为波折，1945 年越南民主共和国成立，同年法国军队登陆西贡。1954 年法国签署《日内瓦协议》撤出中南半岛，越南分裂为南北两部分，同年美国军事顾问团进驻越南。先后经历抗法和抗美战争后，1976 年 7 月越南最终实现南北统一，成立越南社会主义共和国。经济方面，在越南社会主义共和国成立后的 10 年中，越南曾效仿苏联建立计划经济体制。1986 年开始效仿中国改革开放，启动越南革新开放。至此，越南经济进入快速发展阶段，根据 Euromonitor 的数据，2023 年越南 GDP 达 4 197 亿美元，占东盟经济总量的 11%。近 30 年实际 GDP CAGR 达 8.7%，大多数时期增速明显高于发展中经济体的平均水平（见图 1）。2020—2021 年新冠疫情期间，越南实际 GDP 维持 2%～3% 的正增长，疫后经济逐渐恢复，2022—2023 年已重回 8.1% 和 5.0% 的较高增速水平。根据 IMF 的预测，2024 年越南 GDP 增速有望达到 5.8%，且于 2025—2028 年维持 6.5% 的增速。

越南人均 GDP 水平稳步提升，但相较发展中经济体平均水平仍有差距。

① 本文由海通国际证券集团有限公司胡佳璐、李一腾、汪立亭、李宏科撰写。

根据 IMF 的数据,2023 年越南人均 GDP 达到 4 324 美元。纵向看,约为 1990 年的 36 倍(CAGR 为 11.4%),接近于中国 2010 年的水平;横向看,在全球有数据的 185 个国家中排名 118 位,相较发展中经济体人均 GDP 6 432 美元的平均水平仍有差距。在东南亚主要国家中处于中等水平,高于菲律宾的 3 868 美元,低于印尼的 4 942 美元,以及泰国的 7 337 美元(见图 2)。

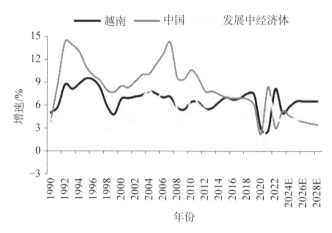

图 1 越南与其他市场 GDP 实际增速(1990—2028E)

数据来源:根据 International Monetary Fund 公开资料整理。

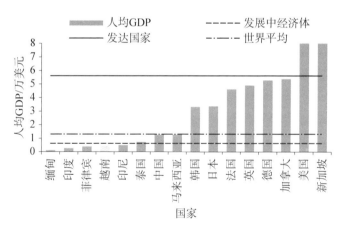

图 2 世界各国 2023 年人均 GDP

数据来源:根据 International Monetary Fund 公开资料整理。

越南的产业结构逐渐向第二、第三产业转移。越南经济发展初期以第一产业农林牧渔业为主,根据越南统计局数据,第一产业的 GDP 占比在 1988 年最高曾达到 46.3％。此后,随着越南的革新开放,不断吸引外资投资,利用廉价劳动力发展以出口为导向的生产制造业,第二及第三产业逐渐发展成为越南经济支柱产业。根据越南统计局数据,2024 年第一季度越南的农林渔业占 GDP 的比重已降至 11.8％,工业和建筑业、服务业各提升至 35.7％和 43.5％(见图 3)。

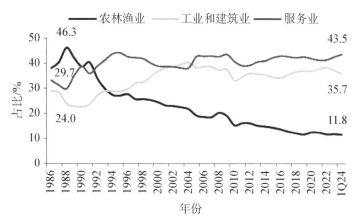

图 3　越南 GDP 按产业结构划分(1986—1Q24)

数据来源:根据越南统计局和亚洲开发银行公开资料整理。

从供给端看,越南第二、第三产业中,工业依赖劳动密集型产业,服务业以批发零售主导。第二产业中,劳动密集型的制造业占主导。随着越南制造业的崛起,其在 GDP 中的比重逐步上升。根据越南统计局数据,制造业的 GDP 占比从 2005 年的 18.8％逐渐提升至 2022 年的 24.8％,是第二产业中的绝对核心(见图 4)。具体来看,根据 ADB Data Library 的数据,2022 年工业增加值占比最高的为食品饮料和烟草制品业,其次是出口较多的劳动密集型产业,如纺织业、电气及光学设备,以及皮革和制鞋业等(见图 5)。第三产业以批发零售为主。根据越南统计局数据,2022 年服务业占比排名前三的行业分别为批发零售、金融保险业以及运输和仓储业,占比分别为 9.6％、4.8％和 4.7％(见图 6)。

从需求端看,消费比重高,投资比重偏低,净出口比重较小。①需求端由消费主导:1995 年越南最终消费支出占 GDP 的比例高达 82％。虽然近年来随着工业化进程的推进,资本形成总额占比在逐年提高,但消费仍是主导,根据越南统计局数据,2022 年消费占 GDP 的比例为 63.9％(见图 7)。相较中国

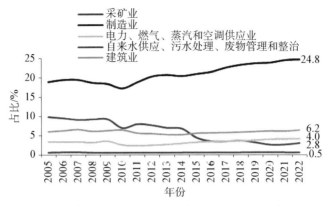

图 4 第二产业分行业 GDP 占比（2005—2022 年）

数据来源：根据越南统计局和亚洲开发银行公开资料整理。

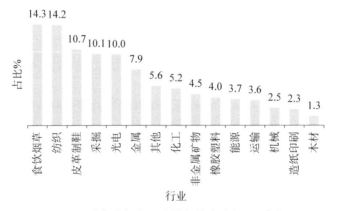

图 5 越南分行业工业增加值占比（2022 年）

数据来源：根据越南统计局和亚洲开发银行公开资料整理。

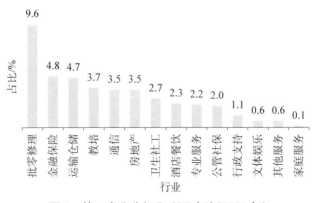

图 6 第三产业分行业 GDP 占比（2022 年）

数据来源：根据越南统计局和亚洲开发银行公开资料整理。

近年约 53%～55% 的消费占比,消费在越南经济中发挥着更大的作用。
②进口、出口依赖度高,净出口附加值低:根据越南统计局数据,虽然越南出口占 GDP 比重较高(2022 年占比为 94%),但由于其同时也较为依赖进口(同年进口 GDP 占比为 91.7%),且出口产品附加值较低,因此,净出口占 GDP 的比重较小(见图 8)。2007 年越南加入 WTO 后,净出口在 GDP 中的比重才逐步上升转正,2022 年为 2.2%。

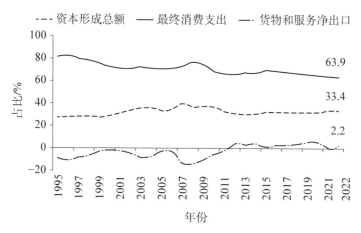

图 7　越南 GDP 按支出法拆分(1995—2022 年)

数据来源:根据 General Statistics Office 公开资料整理。

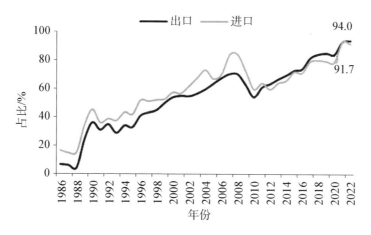

图 8　越南进出口额占 GDP 比重(1986—2022 年)

数据来源:根据 General Statistics Office 公开资料整理。

　　越南南北两极发展,三大省市定位清晰。越南共有 58 个省和 5 个直辖市,因国土狭长,呈 S 形分布,存在南北区域两极发展的特点。根据越南统计局数据,东南地区人口占比为 18.9%,位居第三,但 GDP 占比达 30.9%,零售额占比达 27.7%,位列第一,劳动生产率达 3 亿越南盾/人,在越南经济中发挥着重要作用。红河三角洲则是越南人口最多的区域,人口占比达 23.6%,GDP 占比为 29.9%,零售额占比为 25.4%,首都河内位于此区域(见表 1)。越南各区域发展产业潜力差异明显:北部、中部和山区地形复杂,但自然资源丰富,矿业和旅游业具有较大潜力;北中部和中部沿海地区交通便利,适合发展海洋经济、物流产业和外贸;中央高地气候适宜发展农业,农业及其加工产业前景广阔;东南地区经济最为发达,外资企业集中,工业、科技创新和金融服务业强劲增长;湄公河三角洲水系发达,农业和水产养殖业潜力较大。此外,越南主要三大省市定位清晰:南部的胡志明市作为全国最大的港口城市和商业中心,具有商业、物流、金融和高科技产业发展基础;北部的河内市作为政治和文化中心,教育、文化和科技产业潜力显著;此外,海防省作为北部重要的港口城市,港口经济、物流和制造业前景广阔。

表 1　越南六大区域概况(2022 年)

	人口/万人	人口占比/%	劳动生产率/亿越南盾/人	GDP/亿美元	GDP 占比/%	零售销售额/亿美元	零售销售额占比/%
红河三角洲	2 345.4	23.6	2.5	1 240.75	29.9	57.2	25.4
北中部和中部沿海地区	2 066.1	20.8	1.4	622.43	15.0	38.6	17.1
东南地区	1 881.1	18.9	3.0	1 283.93	30.9	62.4	27.7
湄公河三角洲	1 743.2	17.5	1.2	491.19	11.8	43.3	19.2
北部中部和山区	1 302.3	13.1	1.4	354.1	8.5	13.4	5.9
中央高地	609.2	6.1	1.0	158.79	3.8	10.4	4.6
合计	9 947.4	100.0		4 151.19	11.8	225.3	100.0

数据来源:根据 GSO 公开数据整理。

2　消费:人口红利期,消费增速高,提升潜力大

越南居民消费对整体消费的影响大,规模增速可观。根据越南统计局数据,越南总消费中居民消费比重较高,2010 年以来一直维持在 85%～86% 的水平(中国同期约为 70%)(见图 9),是越南消费的主导,政府在消费中所发挥的作用相对较小。根据 Euromonitor 的数据,2015—2023 年,越南居民消费总量由 1 367 亿美元增至 2 187 亿美元,年复合增速为 6.1%(见图 10)。

2.1　消费能力与意愿

与越南消费规模增速相匹配的是人均可支配收入的增长和较高的居民消费倾向。根据 Euromonitor 的数据,2015—2023 年越南人均可支配收入由 1 594 美元增至 2 566 美元,年复合增速为 6.1%;人均消费支出由 1 483 美元增至 2 212 美元,年复合增速为 5.1%。由于越南近年来人均可支配收入增速更高,居民消费倾向(人均消费支出占可支配收入的比重)有所下滑,但整体仍位于高位。1990 年以来,越南居民消费倾向整体高于中国同期 20%～30%,2023 年越南人均消费支出占可支配收入的比重为 86%。

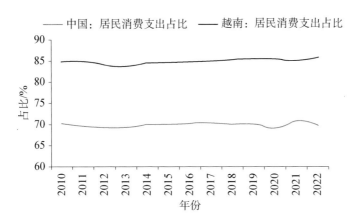

图 9　越南、中国消费中居民消费的占比(2010—2022 年)

数据来源:根据中国国家统计局、越南统计局和 euromonitor 网站公开资料整理。

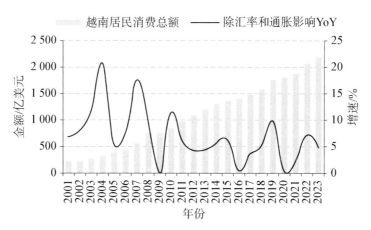

图 10　越南居民消费及增速(2001—2023 年)

数据来源:根据中国国家统计局、越南统计局和 euromonitor 网站公开
资料整理。

越南人均可支配收入在东盟主要国家中绝对额偏低,但增速最高。在东盟主要国家中,根据 Euromonitor 的数据,2023 年越南人均消费支出 2 212 美元,与印尼和菲律宾较接近,同处于偏低水平,但平均增速一直处于领先水平,2015—2023 年复合增速为 5.1%,高于其他 5 个东盟主要国家(见表 2)。越南政府计划从 2024 年 7 月 1 日起将地区最低工资标准上调 6%,居民收入水平有望维持稳健增长。

表 2　东盟主要国家消费指标(2023 年)

	印尼	泰国	新加坡	菲律宾	越南	马来西亚
人均可支配收入/ 千美元	2.9	4.3	39.9	2.7	2.6	6.8
人均可支配收入 2015— 2023 CAGR/%	4.0	4.4	3.8	2.6	6.1	4.2
城市人均可支配收入/ 千美元	3.3	5.1	39.9	3.2	3.3	7.6
人均消费支出/千美元	2.6	4.2	27.3	2.8	2.2	7.2

续　表

	印尼	泰国	新加坡	菲律宾	越南	马来西亚
人均消费支出 2015—2023 CAGR/%	4.2	3.1	3.7	3.7	5.1	3.3
人均消费支出占可支配收入比重/%	91	97	68	102	86	105

数据来源：根据 euromonitor 网站公开资料整理。

2.2　消费结构与趋势

除了消费总量及增速，消费内部结构的变化也非常重要，是未来消费发展的基础。

2.2.1　消费品类结构：民生类占比高，服务类及住房消费提升空间大

越南的必选消费支出高于可选消费支出。根据 Euromonitor 的数据，2023年在越南居民消费支出品类中，食品、饮料（非酒精）的占比最高，约为 31%，其次为交通运输、住宿餐饮、住房，以及家庭用品和服务，占比分别为 12%、12%、10% 和 8%。

2.2.2　人口及家庭结构：人口结构优，但存在老龄化、家庭小型化趋势

越南正处于人口红利期，人口结构较为年轻化。根据越南统计局数据，2023年越南人口为 1.003 亿人，是世界上第 15 个人口破亿的国家。男女比例相当平衡，城市、农村人口分别占 38% 和 62%。越南的人口结构呈现金字塔形，中位数年龄 34 岁，整体较为年轻化，为国家提供了丰富的劳动力资源和潜在的人口红利。根据 Euromonitor 的数据，2023 年越南 20～34 岁人口占比为 23%，与亚洲平均持平，高于日本、韩国、新加坡等经济较为发达的国家，略低于菲律宾、印度、马来西亚等发展中国家。

2.2.3　收入阶层结构：性价比消费是主线，中产阶层扩大有望推动消费升级

性价比消费是越南消费的主流。由于越南经济体量相对较小，人均可支配收入在东南亚主要国家中处于偏低的水平，越南消费者的消费决策仍偏向性价比。麦肯锡的调研显示，越南消费者尝试新品牌的首要原因仍是价值（66%），第二是质量（43%）。根据 36Kr Global 援引 Ninja Van 的数

据,东南亚6个重点电商市场中,越南网购客单价最低,约为23美元,仅为新加坡的1/4。根据Metric的数据,TikTok在越南上线不到1年已占据越南电商市场15.5%的份额,而价格低廉是越南消费者选择TikTok的首要原因,占比高达61%。TikTok美国站的平均客单价为25~35美元,是越南站的6~8倍。

2.2.4　城市结构:城镇化率仍处于上升通道,人口流向大城市

越南区域发展不平衡,东南地区与两个三角洲为核心消费区域。从越南消费支出的区域结构来看,根据Euromonitor的数据,2023年东南区域、红河三角洲(首都河内所在区域)、湄公河三角洲(最大城市胡志明市所在区域)消费占比各为29%、27%和12%,为消费主力区域,相较2019年的26%、25%和16%,东南区域和红河三角洲的消费占比各提升了3个百分点和2个百分点,而湄公河三角洲消费占比下降了4个百分点。

2.2.5　数字化推动消费习惯变化:电商渠道增长动力强劲,上升空间广阔

根据Euromonitor的数据,自2007年越南互联网用户渗透率超过全球水平以来,2022年已达到78.6%,高于中国的75.6%和印尼的66.5%。数字化正在快速改变越南人的日常消费习惯和沟通方式。麦肯锡预计,1980—2012年间出生的"数字原生代"到2030年将占越南消费市场约40%。越南人口结构年轻化、互联网普及率高以及收入稳健增长,共同推动线上消费规模迅速增长。根据Euromonitor的数据,2023年越南电商渠道规模约174亿美元,2018—2023年复合增速约35%。根据越南工贸部的数据,2022年越南约5700万至6000万人进行网购(占比约60%),人均消费支出为260~285美元。

3　零售渠道:线下场景为主,电商渠道增速高

越南零售市场增速高,电商渠道发展空间广阔。根据Euromonitor的数据,2023年越南零售市场规模达1263亿美元,占东盟整体的19%,仅次于印尼;2018—2023年复合增速为5.0%,为东盟主要国家中最高。2023—2028年预计越南零售市场年复合增速达10.4%,在东盟主要国家中仅次于印尼。越南传统、现代渠道占比分别为37%和48%,而电商渠道占比为14%,相较印尼的32%和泰国的21%仍有发展空间(见表3)。

表 3　东盟主要国家零售渠道占比(2023 年)

	印尼	泰国	新加坡	菲律宾	越南	马来西亚
零售规模/亿美元	1 913	1 240	295	1 013	1 263	561
零售规模占东盟总量/%	30	19	5	16	19	9
2018—2023 CAGR/%	3.5	3.2	4.0	3.2	5.0	−0.1
2023—2028E CAGR/%	11.1	7.4	3.7	10.2	10.4	7.7
传统渠道/%	37	9	4	38	37	6
现代渠道/%	30	68	79	52	48	73
电商渠道/%	32	21	15	9	14	11
其他渠道/%	1	2	2	1	1	10

数据来源:根据 euromonitor 网站公开资料整理。
注:各国零售规模占东盟总量测算未包含文莱。

　　零售渠道仍以线下为主,电商增速高。以渠道零售额计,零售渠道仍以线下场景为主,现代渠道中以专卖店为主。根据 Euromonitor 的数据,2023 年越南零售市场中传统、现代、电商和其他渠道各占约 37%、48%、14% 和 1%;现代渠道中专卖店占 43%,超市占 3%,便利店、百货和大卖场仅占 1% 或更低。以渠道零售额增速计,电商和超市在规模和增速上都相对优于其他渠道,其中,电商 2018—2023 年复合增速约为 35%,预计 2023—2028 年复合增速约为 21%;超市 2018—2023 年复合增速约为 11%,预计 2023—2028 年复合增速约为 12%。以门店数计,2023 年传统、现代渠道门店各约 65 万间和 17 万间,现代渠道中,专卖店、超市、便利店、百货、大卖场门店各约 16 万、7 000、1 200、170 和 80 间(见表 4)。

表 4　越南零售概况(2023 年)

	传统渠道	现代渠道					电商渠道	直销
渠道详情	本地小杂货店	专卖店	便利店	超市	百货	大卖场	电商平台	—
渠道规模/亿美元	464	548	4	43	3	17	174	9

	传统渠道			现代渠道			电商渠道	直销
规模占比/%	37	43	<1	3	<1	1	14	1
2018—2023 CAGR/%	2	3	9	11	−1	7	35	13
2023—2028E CAGR/%	5	11	15	12	11	11	21	7
门店数量/间	～65万	～16万	～1 200	～7 000	～170	～80	—	—
品牌份额/%	无品牌概念	份额分散	Circle K，36 Family Mart，18 Ministop，13	Bach Hoa Xanh，30 WinMart，28 Co. opMart，26	AEON，55 Takashimaya，16 Robins，13	Go!，38 Big C，23.5 Lotte Mart，13	Shopee，31 Lazada，20 Tiki，13	—

数据来源：根据 euromonitor 网站公开资料整理。

注：1. 专卖店含杂货专卖；2. 品牌不同模式的电商平台计算份额时视作同品牌。

坚定文化出海，把握全球机遇①

1 中国文化出海顺势而为

十九大报告中，习近平总书记指出要坚定文化自信，推进国际传播能力建设，讲好中国故事②③。2017—2021 年，中国文化外贸总额由 1 265.1 亿美元上升至 2 000.3 亿美元，CAGR 达 12.14%；中国文化产品外贸总额由 971.2 亿美元上升至 1 558.13 亿美元，CAGR 达 12.54%（见图 1）。

2022 年 7 月，商务部等 27 部门出台《关于推进对外文化贸易高质量发展的意见》，鼓励有条件的文化企业创新对外合作方式，优化资源、品牌和营销渠道，提高文化境外投资质量效益。2023 年，商务部主办"千帆出海"行动计划，并联合中央宣传部、文化和旅游部、广电总局共同认定 2023—2024 年度国家文化出口重点项目对外文化贸易额达 2 380.3 亿美元（同比增长 7.4%）（见图 2）。

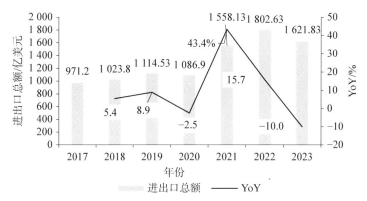

图 1 2017—2023 年中国对外文化产品贸易进出口总额

数据来源：根据 Wind 数据库公开资料整理。

---

① 本文由海通证券股份有限公司毛云聪、孙小雯、陈星光、赵旖旎撰写。
② 徐秀丽,李瑞. 坚定文化自信 讲好中国故事——委员谈中华文化"走出去"[EB/OL].
(2019 - 03 - 13) [2024 - 05 - 29]. http://www. ncha. gov. cn/art/2019/3/13/art _2104 _
154183. html.
③ 新华社. 习近平提出,坚定文化自信,推动社会主义文化繁荣兴盛[EB/OL]. (2017 - 10 - 18)
[2024 - 05 - 29]. https://www. gov. cn/xinwen/2017-10/18/content_5232653. htm.

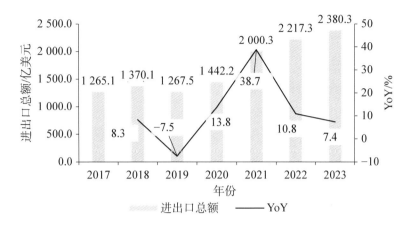

图 2　2017—2023 年中国对外文化贸易进出口总额

数据来源：根据 Wind 数据库公开资料整理。

2　中国出海应用：具备全球发行有效经验

2.1　67% 的出海应用在美国市场上架，下载安装量占比印度和东南亚（INSEA）地区占优

根据 Adjust 样本数据，2023 年，中国出海应用有 67% 在美国市场上架，实现较高渗透率；印度地区上架率为 50%，超出 INSEA 地区 28% 的上架率平均值；巴西地区上架率为 40%，排名第三。

从下载量看，中国应用在 INSEA 地区更受青睐，在印尼、柬埔寨和菲律宾地区，中国应用下载量占比最高为 25%～29%；而美国下载量占比为 10%，法国、德国和土耳其地区下载量占比均为 7%，日本地区安装量仅为 4%。

2.2　中国互联网应用全球发行具备有效经验，在游戏、社交、电商方面表现尤为突出

根据 Sensor Tower 的数据，2023 年 10 月，全球互联网应用收入中，中国移动发行商收入占比为 38.7%；全球收入 Top 100 榜单中有 37 家中国公司上榜，收入总额高达 19.1 亿美元。

2024 年度发行商大奖,按用户支出排名全球前 50 强的发行商中,有 18 家来自美国,其次是中国,共 12 家(见图 3),其中,游戏公司 9 家。与 2023 年度入围前 50 强的中国发行商相比,游戏公司超过半数发生了不同程度的排名上升,阿里巴巴(电商类)、百度(搜索引擎类)则分别大幅下降 16 名和 7 名。

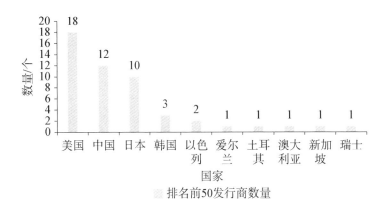

图 3　2024 年度发行商大奖全球前 50 强

数据来源:Data. ai. Top Publisher Awards 2024〔EB/OL〕.(2024 - 03 - 06)〔2024 - 05 - 29〕. https://www. data. ai/en/top-publisher-awards/.

3　游戏出海

3.1　国内游戏市场进入成熟期,出海是大势所趋

自 2020 年起,我国游戏市场和移动游戏市场的用户规模增速均逐渐放缓,国内游戏用户进入存量时代。从供给端看,2020 年之后版号逐步收紧,国家新闻出版署的数据显示,2020—2022 年全年发放游戏版号分别为 1391、748、512 款,2023 年虽然有所回升,发放数达到 1005 款,但也仍远低于 2019 年之前水平。我们认为,国内游戏市场已经进入成熟期,在政策监管收紧、市场竞争加剧的大背景下,游戏厂商从国内走向海外是大势所趋。

3.2　出海政策支持力度大,泛娱乐属性有利于文化传播

一方面,游戏出海作为文化输出的重要阵地,受到多项政策支持。2023 年 8 月,北京东城区发布《国家文化出口基地建设实施方案》,指出"健

全国际网络游戏孵育体系,鼓励和支持精品化产品海外发行,弘扬中华优秀文化"。

另一方面,游戏本身具备的娱乐属性较强,本地文化属性相对较弱,具有一定的玩法普适性,这个特征从底层决定了游戏产品适合出海,利于跨国界传播。从日本游戏市场来看,国产二次元游戏《原神》和《崩坏:星穹铁道》长期稳居游戏畅销榜前 50 名,射击游戏《PUBG》也维持长久竞争力,头部游戏产品在海外游戏市场具备长久运营的能力。

3.3 游戏出海进程:由近及远,进军全球

游戏出海已有 10 余年历史,从中国港澳台地区、东南亚起步,逐步向日韩、欧美等发达地区进军和发展。2020 年以来,国内优质游戏厂商迎来了新的出海机遇期,米哈游、莉莉丝等新一代游戏厂商产品在全球表现亮眼,中国游戏成功走向世界。我国游戏出海发展阶段如图 4 所示。

图 4 我国游戏出海发展阶段

资料来源:作者根据公开资料整理。

3.4 海外市场空间广阔,欧美、日本等发达区域渗透率仍有待提升

2023 年 10 月至 2024 年 4 月,国产游戏出海收入从 12.42 亿美元增长至 14.18 亿美元,呈稳健增长态势。根据伽马数据,2023 年中国游戏市场约占全

球市场的 37.4%，海外市场仍有近 2 倍的空间。目前，美、日仍是我国游戏出海的主要市场，占比分别达到 32.51% 和 18.87%，但地区渗透率仍不到 30%。我们认为，随着中国厂商逐渐变强并寻求海外突破，中国在欧美日韩等发达国家渗透率仍有望提升。

4　社交娱乐出海

4.1　中国出海应用主要覆盖东南亚、中东北非、欧美市场，TikTok 用户时长位列全球社交媒体应用第一

2023 年，外国社交娱乐应用出海市场主要集中在东南亚、中东北非以及欧美地区。综合性应用中，根据七麦数据 2024 年 7 月 25 日实时排名（仅 iPhone），TikTok 下载量在 124 个国家和地区的榜单中位列前十；Kwai 的活跃用户在拉美地区实现新增长，2023 年巴西日活实现 17% 的同比增长。此外，2023 年，字节跳动旗下的 Lemon8 在成功进入日本、东南亚市场后，将重点转向英美市场。中国主要出海应用情况如表 1 所示。

表 1　中国主要出海应用情况

应用名称	细分板块	主要用户所在地区	所属公司	关键数据
TikTok	综合	美国、东南亚、中东北非、南亚、日韩、欧美、拉美	字节跳动	截至 2024 年 4 月，TikTok 全球 MAU 超过 15.82 亿人次，全球社交媒体应用使用排名第五，其中，截至 2024 年 1 月，TikTok 美国市场 MAU 为 1.7 亿人次，其次为印尼和巴西市场。2023 年 TikTok 日均用户使用时长为 95 分钟，全球社交媒体应用中排名第一，其中，在美国地区用户时长排名第一，达 53.8 分钟
Lemon8	线上社区	日本、东南亚		根据 Data.ai 的数据，2023 年 1—10 月下载量为 1 516 万次。2023 年 Lemon8 MAU 超过 400 万人次，并将英美市场作为重点

续 表

应用名称	细分板块	主要用户所在地区	所属公司	关键数据
Kwai	综合	拉美	快手	海外业务聚焦巴西、印尼等重点区域,持续深耕本地化发展:2023 年,Kwai 在巴西 DAU 增长了 17%,MAU 突破 6 000 万人次,覆盖 30% 的巴西人口,用户时长超过 70 分钟;印尼 MAU 超过 4 000 万人次,用户时长达 95 分钟。2023 年,快手海外商业化营收增长 300%,客户数增长 87%
StarMaker	K 歌社交	中东北非、东南亚	昆仑万维	根据 Data. ai 的数据,2023 年 1—10 月下载量为 4 574 万次,应用商店收入预估 1 959 万美元
Likee	短视频	东南亚、俄罗斯	欢聚集团	根据欢聚集团财报,2024 年第一季度,BIGO 的付费用户数为 167 万人(同比增加 6.4%,环比基本持平),平均用户收入为 235.4 美元(同比减少 3.8%,环比减少 3.8%);Likee 第一季度平均月活 3 750 万人(同比减少 16.5%,环比减少 4.1%),Bigo Live 第一季度平均月活 3 710 万人(同比减少 1.6%,环比减少 3.4%)
Bigo Live	直播社交	东南亚、中东北非、欧美		
MICO	直播社交	中东北非、东南亚	赤子城科技	Data. ai 数据显示,MICO 2023 年 1—10 月下载量超过 1 213 万次

资料来源:作者根据网上公开资料整理。

4.2 开创短剧出海,ReelShort 欧美领跑

网文厂商开创短剧出海新方向,美国、东南亚为主要市场。ShortTV 负责人刘金龙介绍,目前中国短剧应用海外市场规模约为 1.5 亿美元,且处于迅速增长的"爆发期",2024 年市场规模可达 15 亿美元。

根据 Sensor Tower 的数据,截至 2024 年 2 月,已有 40 多款中国短剧应用进入海外市场,累计下载量近 5 500 万次,其中,ReelShort(中文在线旗下)贡献了 52% 的下载量,ShortTV 上线 6 个月累计下载量达 850 万次,以 15% 的份额位列海外市场第二;累计内购收入达到 1.7 亿美元,其中,ReelShort 累计收入

近 8 000 万美元,占全球累计收入的 48%。

4.3　东南亚为剧集出海核心市场,海外内容发行叠加版权销售,视频平台出海程度仍较低

根据《2023 中国剧集发展报告》,2022 年中国节目出口总额约 12 928 万美元,其中,电视剧出口额 8 274 万美元(同比上升 45.6%),出口 803 部次(同比上升 12.3%)、14.2 万集,共 10 万小时,出口时长占节目出口总时长的 80%。

长内容出海特点如下:①东南亚为剧集出海核心区域(占比 86.3%),非洲、中亚、中东、拉美地区市场逐步开拓;②古装剧、现实题材剧集国际传播力较强,2022—2023 年奈飞(Netflix)华语剧集热度前 10 名作品中,古装剧占 5 部,《去有风的地方》在 My Drama List 获得高达 8.7 的评分;③剧集出海主要依靠本土传媒、国际流媒体平台、视频分享平台等进行内容出海,国内视频平台渠道出海程度低,仅 28.77% 的剧集通过 We TV、iQiYi 等实现海外传播;④采购 IP 版权,对影视作品进行海外本土化改编和翻拍。

5　服务出海

5.1　伴随平台和客户,中国营销服务商出海

中国的国际化营销服务商,通过自有渠道搭建、依托海外优质流量集中平台,致力于为客户提供全球营销推广服务,此外,部分企业实现了从"营"到"营 + 销"的战略升级。

A 股及 H 股全球营销服务上市公司,从发展背景看主要分为 4 类:①依托海外如谷歌(Google)、Meta 等头部互联网媒体,提供出海营销服务,如蓝色光标、易点天下、省广集团、力盟科技(港股)等;②自建及收购广告交易平台,聚合全球碎片化流量,投放具有优势的全球程序化广告,如汇量科技(H 股);③跟随国内互联网平台企业如字节跳动(TikTok)、腾讯(Shopee)、阿里(AliExpress、Lazada)、拼多多(Temu)等出海,提供相应营销、短视频电商商品销售服务,分享早期发展红利,如乐享集团(H 股)等;④自建媒体渠道,中国特色"楼宇电梯媒体"原创营销模式输出,如分众传媒。表 2 梳理了主要上市国际化营销服务商。

表 2　主要上市国际化营销服务商梳理

发展背景	标的名称	核心业务内容	海外业务主要发展时间点	发展路径
自建媒体渠道	分众传媒	楼宇媒体广告投放,国内最大生活圈线下媒体	2017 年通过自建及收购率先布局韩国市场	先国内再海外
依托海外头部互联网平台	蓝色光标	主要为国内/出海媒体投放业务,海外公司业务已于 2021 年 9 月出表	2013—2014 年参股或收购多家海外公司,是谷歌、Meta、TikTok for Business 等平台国内官方授权代理商	先国内再海外
	易点天下	主要为非程序化海外效果广告投放,电商品类收入占比近 7 成	创始人 2011 年回国创业建立公司	全球化,海外市场为主
全球碎片化流量聚集	汇量科技	业务重心为程序化广告投放及营销分析,游戏品类收入占比超 6 成	2015 年建设程序化广告交易平台 Mintegral,2016 年用 2 500 万美元收购美国 Nativex 综合性广告交易平台	全球化,海外市场为主
依托国内互联网龙头出海,实现"营+销"业务升级	乐享集团	国内互娱类产品营销、抖音短视频营销;海外 TikTok 短视频电商商品销售	2021 年第 4 季度起	先国内再海外

资料来源:作者根据公开资料整理。

5.2　2021—2026 年预计中国跨境数字营销规模复合增速约 23%，电商和游戏产品出海长期占主要地位

根据弗若斯特沙利文公司的数据:中国跨境数字营销行业市场规模从 2016 年的 48 亿美元增加至 2021 年的 223 亿美元,CAGR 为 36%;预计 2026 年中国出海数字营销行业市场规模将达 616 亿美元,2021—2026 年 CAGR 为 23%。从中国跨境数字营销商投放渠道看,2021 年前 5 位的海外渠道分别为脸书(Facebook)、谷歌、Amazon、TikTok 和 Snapchat,市场占有率分别为 46.6%、33.6%、9.4%、6.3% 和 1.8%;从中国跨境数字营销行业划分看,电商和游戏产品出海长期仍将占主要地位。

从营销服务商看,媒体投放代理规模较为集中,其余仍较为分散。2021

年,中国跨境数字营销服务商前 5 位合计市场占有率为 49.8%,其中,蓝色光标为 21.5%,排名第二;汇量科技为 2.7%,排名第四。2021 年,中国电商行业跨境数字营销服务商前 5 位合计市场占有率为 78.3%,其中,蓝色光标为 31.3%,排名第二;易点天下为 4.1%,排名第五。